KB154232

벌거벗은
한국사 근현대편

100년 역사의 감동이 전해지는 스토리텔링 근현대사

벌거벗은 한국사

근현대편

tvN STORY 〈벌거벗은 한국사〉 제작팀 지음

프런트페이지
FRONTPAGE

특별한 여행을
함께 떠나볼까요

여행을 떠나볼까요?

반만년 우리 역사의 수많은 장면들.

그중 가장 매력적인 '스토리'가 있는

과거 어느 순간이 우리의 목적지입니다.

여러분은 언제, 어디로 떠나 누구를 만나고 싶으신가요?

저희의 고민도 여기서 시작됐습니다.

우리 역사의 어느 시점으로 돌아갈 수 있다면

과연 어디로 떠날 것인가?

어떤 인물의, 무슨 이야기를 들을 것인가?

답을 내리기는 생각보다 어려웠습니다.
분명 학교 수업시간에 배웠던 것 같은데
머릿속에 '스토리'는 없이 연도, 사건, 인물 같은
단편적인 정보들만 떠올랐기 때문입니다.

그래서 저희는 생각했습니다.
'우리 역사의 장면들이 오랫동안 기억되도록
쉽고 친절하게 흥미로운 스토리로 엮어 보여드리자.'
그리고 히스토리텔러 최태성 선생님과 뜻을 모았습니다.
우리 역사 스토리텔링쇼 〈벌거벗은 한국사〉는
그렇게 태어났습니다.

누구나 부담 없이 즐길 수 있는 스토리 한국사.
이제 준비는 끝났습니다.
펜과 노트는 잠시 내려놓고
홀가분한 마음으로 한국사 여행을 떠나보실까요?

tvN STORY 〈벌거벗은 한국사〉 제작팀

고난을 영광으로 바꾼
대한민국 근현대 역사 속으로

많은 사람이 일제강점기 역사를 별로 좋아하지 않습니다.

두들겨 맞고 빼앗긴 과정을 알아나가는 게 고통스럽기 때문입니다.

이 시대를 살았던 시인 윤동주는

'부끄러움', '반성'이라는 시어를 반복해서 사용했어요.

일제에 적극적으로 맞서지 못한 것에 대한 참회의 고백이었지요.

일제강점기를 살아간 청춘들에게 꿈이 있다는 것은

축복이었을까요, 고통이었을까요?

어두웠던 그 절망의 시기를 들여다보면

절망을 희망으로 바꾸기 위해 자신의 모든 것을 걸었던,

샛별을 닮은 사람들을 만나게 됩니다.
소설《상록수》를 쓴 심훈은 3·1운동으로 서대문형무소에 갇혔을 때
이런 편지를 남겼습니다.

> 어머님!
> 날이 몹시도 더워서 풀 한 포기 없는 감옥 마당에
> 뙤약볕이 내리쪼이고, 주황빛의 벽돌담은 화로 속처럼 달고
> 방 속에는 똥통이 끓습니다. (…)
> 그렇건만 대단히 이상한 일이 있지 않겠습니까?
> 생지옥 속에 있으면서 괴로워하는 사람이 하나도 없습니다.
> 누구의 눈초리에나 뉘우침의 슬픈 빛이 보이지 않고
> 도리어 그 눈들은 샛별과 같이 빛나고 있습니다.

샛별같이 빛난 사람들의 이야기가 여러분을 기다리고 있습니다.
그들을 통해 우리는 역사에 큰 빚을 지고 있음을 알게 될 거예요.
동시에 일제강점기가 절망으로만 점철된 시대가 아니라
오히려 꿈과 희망으로 가득 찬 시대였음을 깨닫게 될 겁니다.
가장 어두웠던 시대에 기어이 희망을 만들어간 그 여정 속으로,
지금 출발합니다!

큰별쌤 최태성

| 차례 |

1장 벌거벗은 일본 침략

2장 벌거벗은 3·1운동

3장 벌거벗은 아나키스트

벌거벗은
일본 침략

홍문기(총신대학교 역사교육과 교수)

500년 조선왕조를 무너뜨린
일본의 치밀한 계략

지금 우리로부터 가장 가까운 역사, 즉 1876년부터 현대에 이르기까지의 한국사를 근현대사라고 합니다. 우리나라의 근현대사는 크게 세 시기로 구분합니다. 1876년 개항부터 1910년까지의 개항기, 1910년 경술국치로 인한 국권피탈 이후부터 1945년 광복까지의 일제강점기, 광복부터 지금에 이르는 현대로 말이지요. 반만년 한국의 역사 중 근현대사는 150년이 채 안 되는 시간이니 전근대사에 비하면 무척 짧은 시간이지만 그 기간에 일어난 변화는 결코 작지 않습니다.

한국 역사상 가장 아픈 시간이라 할 수 있는 일제강점기도 근현대에 일어난 일이지요. 1910년 8월 29일 한일강제병합이 공포되며 우리나라는 일본의 식민지가 되었습니다. 조선 침략을 바라 온 일본은 강제병합을 기념하며 엽서까지 만들었지요. 엽서에 그려진 지도에는 조선과 일본의 영토가 같은 붉은색으로 표시되어 있었습니다. 일본은 지도 옆에 강제병합 이후 늘어난 인구와 영토도 명시하는 치밀함까지 보였어요. 조선의 영토가 일본에 귀속됐다는 걸 널리 알리려고 한 것입니다.

그렇다면 한일강제병합 전에 조선 사람들은 일본을 어떤 시선으로 보고 있었을까요? 왜구의 잦은 침탈과 임진왜란을 겪으면서 '끊임없이 우리 땅을 약탈하고 생존을 위협하는 존재'로 여겼습니

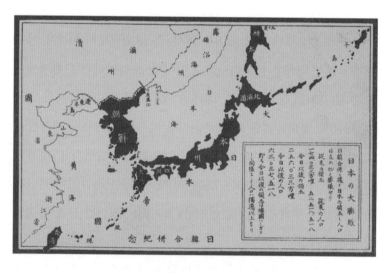

일본이 배포한 한일강제병합 기념 엽서 우측 하단에 '조선과 합친 인구수 63,037,518명', '조선과 합친 후 영토 256,033방리'가 적혀 있다. 이돈수 한국해연구소장 제공.

다. 동시에 '조선을 사모하여 따르는 나라', '조선으로부터 선진 문물을 전해 받는 나라'로 생각하기도 했어요.

그렇게 생각하던 일본에 1910년 나라를 빼앗기고, 1945년 광복을 맞이하기까지 약 35년 동안 치욕스러운 역사를 견뎌내야만 했지요. 그런데 일본이 조선을 장악하는 데 걸린 시간은 40여 년 정도밖에 되지 않습니다. 518년 동안 이어져 온 조선이 단 40여 년 만에 무너지고 만 것입니다. 일본은 대체 어떻게 조선왕조를 한순간에 무너뜨렸을까요? 조선이 나라를 빼앗기는 결정적 계기가 된 사건 여섯 가지를 통해 그 진실을 파헤쳐 보려고 합니다. 비극의 시발점이 된 격동의 시간 속에 숨겨진 역사의 뒷이야기를 제대로 벗겨 보겠습니다.

첫째, 조일수호조규 체결
일본과 불평등 조약을 맺다

1876년, 조선이 일본에 나라를 빼앗기는 결정적 계기가 된 첫 번째 사건이 일어납니다. 1876년 음력 2월에 '조일수호조규^{朝日修好}^{條規}'가 체결된 것입니다. 이 조약은 강화도에서 체결돼 흔히 강화도 조약이라고도 부릅니다. 조일수호조규는 조선과 일본이 서로 물건을 사고파는 '통상' 그리고 '교류'를 위해 맺은 조약이었는데요. 이 조일수호조규에는 과연 어떤 내용이 담겨 있었을까요?

> 제1조. 조선은 자주국이며, 일본과 평등한 권리를 가진다. 이후 양
> 국은 경계를 침범하거나 적대하지 말아야 한다.
> 제4조. 조선국은 부산 외에 두 곳의 항구를 개항하고 일본인이 와
> 서 통상을 하도록 허가한다.
> 제10조. 일본 국민이 조선의 항구에서 조선 국민에게 죄를 지었더라
> 도 일본 관리가 심판한다.
>
> 〈조일수호조규〉

조항만 언뜻 읽어서는 별문제가 없어 보이지만, 조일수호조규의 조항들에는 일본의 은밀한 속셈이 숨어 있습니다. 조선이 자주국가임을 명시한 것은 당시 청나라였던 중국에 오래도록 사대해온 조선이 청나라의 속국이 아님을 드러내고자 한 의도였지요. 이는 조선을 청나라의 영향력에서 벗어나 일본의 세력 안에 들어오게 하려는 계략이었습니다.

네 번째 조항에서는 일본의 의도가 더욱 선명하게 드러납니다.

"조선은 부산 외에 인천과 원산의 항구를 더 개방하라!"

일본은 왜 하필 부산, 인천, 원산의 항구를 콕 집어 개항하라고 요구한 걸까요? 먼저 부산은 일본과 가까웠습니다. 조선에서 일본으로, 또 일본에서 조선으로 물자를 실어 나르기 좋았지요. 다음으

로 인천은 조선의 수도인 한성부와 가까웠습니다. 한성부로 빠르게 진격할 수 있는 항구였던 것입니다. 마지막으로 원산은 당시 일본과 불편한 관계였던 러시아와 가까워 러시아의 남하를 막기 위한 전략적 요충지로 생각했습니다.

조일수호조규의 열 번째 조항도 굉장히 중요한 의미가 있습니다. 당시 조선에 있던 일본인들은 이 조항에 따라 '치외법권', 즉 외국인이 현재 체재하고 있는 국가의 권력작용을 면제받는 권리를 인정받았습니다. 일본인이 조선에서 문제를 일으켜도 조선은 그 일본인을 처벌할 권리가 없었지요. 이렇듯 조일수호조규를 자세히 들여다보면 일본에만 유리한, 정말 말도 안 되는 조약이었음을 알 수 있어요. 그런데 조선은 얕보던 일본과 왜 이런 불합리한 조약을 맺게 되었을까요? 그 비밀을 풀기 위해 6개월 전으로 거슬러 올라가 보겠습니다.

1875년 음력 8월 21일, 강화도 앞바다에 수상한 배 한 척이 나타났습니다. 이 배는 강화도 초지진을 향해 조금씩 다가왔어요. 경비를 보던 조선군이 경고 포격을 하자 수상한 배는 맹렬한 포격으로 맞대응하기 시작했습니다. 이 수상한 배는 다름 아닌 일본 국적의 군함이었습니다. 배의 이름은 운요호! 운요호에 타고 있던 일본군은 강화도 초지진의 포대를 박살 냈고 민가를 습격해 약탈하고 불을 지르기까지 했어요.

그런데 운요호 사건이 일어나고 얼마 되지 않아 일본은 황당무

계한 요구를 해왔습니다.

"조선이 죄 없는 일본 배에 손해를 끼쳤으니, 손해를 갚는다는 뜻으로 우리에게 항구를 열어 달라!"

일본은 뻔뻔하게 사과와 배상을 요구하며 강화도 앞바다에 무단으로 배를 정박시키고는 무력시위까지 펼쳤습니다.

막무가내로 밀어붙이는 일본의 태도에 조선 정부는 어쩔 수 없이 일본이 요구해 온 회담에 응할 수밖에 없었습니다. 일본 측 대표 구로다 기요타카는 회담장에 나타난 조선 측 대표에게 조약 체결을 요구했어요.

"조선의 항구를 열겠다는 통상 조약을 맺읍시다!"

강화도 앞바다에서 무력시위를 벌이는 일본 국립중앙박물관 제공

이 요구를 들은 조선 측 대표는 일본 측 대표에게 뜻밖의 질문을 던졌습니다.

"조약을 맺자는데, 대체 그 조약이라는 게 무엇입니까?"

왜 이런 기초적인 질문을 했을까요? 이때까지 조약이라는 개념이 없었기 때문입니다. 조약은 평등한 국가끼리 근대적인 외교 관계를 전제로 맺는 것입니다. 그런데 동아시아에서 외교는 '황제국'이라 불렸던 청나라를 중심으로 이루어져 왔어요. 조선과 일본 같은 다른 국가들은 황제국이었던 청나라 아래에 있는 '제후국'이 되어 관계를 맺었지요. 그래서 이때까지 조선이 받아 본 문서라고는 청나라로부터 일방적으로 받은 조공 책봉 문서, 청나라 황제가 보

조약 체결 현장에서 대기 중인 일본군 국립중앙박물관 제공

낸 칙서와 조서가 전부였습니다.

조선 측 대표는 이에 더해 조선과 일본은 이미 수백 년 동안 무역을 해왔는데 이제 와서 왜 새삼스레 조약을 맺자고 하는 것인지 물었어요. 그렇다면 계속되는 질문에 일본은 과연 뭐라고 답했을까요?

"요즘은 무역하려면, 국제법상 다들 조약을 맺습니다."

한마디로 '이런 건 관행'이라고 하면서 막무가내로 조약을 체결하자고 한 것입니다. 조선은 이런 일본의 속내를 전혀 모른 채 덜컥 조약을 체결하고 말았습니다.

조일수호조규가
강제로 체결된 조약이 아닌 까닭

학창 시절에 조일수호조규에 대해 배운 내용을 기억하는 분이라면 '일본에 의해 강압적으로 체결된 조약'이라는 말이 떠오를 것입니다. 그러나 조약문을 보면 조선 측의 의견도 적지 않게 반영되었음을 알 수 있습니다.

"일본 제국 황제 폐하와 조선 국왕 전하께서는 본디 우의를 두터이 하여 온 지가 여러 해 되었으나 지금 두 나라의 정의가 미흡한 것을 보고 다시 친목을 공고히 한다."

<조일수호조규> 서문 초안

    일본이 조선에 건넨 조일수호조규 서문의 초안에서 주목해야할 문구가 있는데요. 바로 '일본 제국 황제 폐하와 조선 국왕 전하께서는'이라는 문구입니다. 일본의 왕은 '황제'로 칭하고, 조선의왕은 '국왕'이라고 표현한 것을 알 수 있지요. 조선에서는 일본이내민 초안을 보고는 펄쩍 뛰었습니다. 감히 오랑캐의 나라가 청나라에서 쓰는 '황제'라는 호칭을 입에 올리다니, 이건 말도 안 된다면서 일본 정부에 강력히 항의했습니다.

    근대화의 과정에서 서양 열강이 어떻게 식민지를 만들어 강대국이 되는지를 두 눈으로 목격한 일본은 이때 조선과 꼭 통상 조약을 맺어야 했습니다. 일본 역시 아시아 국가를 자신들의 식민지로만들어 제국주의 국가로 나아가려고 했으니까요. 대륙 침략의 발판으로 삼은 나라가 바로 조선이었던 것입니다.

    그래서 일본은 조선의 완강한 반대를 받아들여 조약문 서문에쓰인 '일본 제국 황제 폐하'를 지워 '대일본국'으로 바꾸고 '조선 국왕 전하'를 '대조선국'으로 고쳤습니다. 일본이 이렇게까지 조선의의사를 존중해 주니 조선은 '일본은 우리가 충분히 교섭할 수 있는상대구나' 생각하고 통상을 위해 상호 합의해 조약을 체결한다고여겼지요. 그러니까 조일수호조규는 '일본의 강요에 의해 억지로 맺은 조약'이 아니라 '일본의 속임수에 조선이 홀랑 속아 넘어간 조약'으로 보는 것이 더 정확합니다.

이처럼 안타깝게도 당시 조선은 조일수호조규가 부당한 조약이라고는 생각하지 못했습니다. 조선의 국왕 고종은 이 일을 '나라의 큰 위기도 잘 넘기고, 국가의 위신을 지킨 조약 체결'로 평가하기까지 했지요. 그렇게 조일수호조규 체결 이후 조선에서 일본의 영향력은 조선 정부도 눈치채지 못할 만큼 가랑비에 옷 젖듯 매우 조금씩 늘어가고 있었습니다.

둘째, 임오군란
일본의 개입이 시작되다

1882년, 조선의 눈치를 보며 조심스럽게 화친을 제안하고 조약문의 문구까지 바꿔 주던 일본이 숨겨왔던 야욕을 드러내는 사건이 일어납니다. 조선이 나라를 빼앗기는 결정적 계기가 된 두 번째 사건! 1882년 음력 6월 9일에 발생한 '임오군란壬午軍亂'입니다.

조일수호조규 체결 이후 조선에는 많은 변화가 일어났는데, 그중 하나가 신식 군대 별기군別技軍 창설입니다. 별기군은 일본과 청나라에서 들여온 신식 무기를 가지고 일본인 교관으로부터 신식 군사 훈련을 받은 군대입니다. 이들 때문에 차별받던 구식 군인들이 월급이 13개월이나 밀린 상황에서 어렵게 받은 한 달 분의 월급마저도 모래가 섞인 쌀을 받자, 이에 분개해 일으킨 군란을 임오군란으로 알고 있는 분들이 많은데요. 그 내막에 임오군란의 또 다른 원인이 있습니다.

원래 한성부 지역의 군인들은 경찰 업무도 병행하면서 자신의 담당 구역에서 여러 명목으로 세금을 받고 뇌물을 받기도 하면서 수입을 얻었습니다. 그런데 고종이 신식 군대 별기군을 만들면서 구식 군인들의 힘이 확 약해지고 만 거예요. 기존에 받던 세금도 못 받고 뇌물도 못 받게 된 상황에서 밀린 월급으로 모래가 섞인 쌀을 받으니 먹고살기 힘들어진 구식 군인들이 분노를 참지 못하고 군란을 일으킨 것입니다.

예상치 못한 난리에 다급해진 고종은 청나라에 도움을 요청했고 이 요청이 받아들여져 약 3,000명의 청나라 군인이 조선에 급히 파견되었습니다. 그런데 이 사건을 계기로 일본군까지 조선에 들어오게 됩니다. 고종이 도움을 요청한 건 청나라인데 일본은 대체 왜, 또 어떻게 조선에 군대를 주둔시키게 된 걸까요?

임오군란이 일어난 때, 일본 공사관도 구식 군인들의 공격을 받았습니다. 무슨 이유에서였을까요? 조일수호조규 체결 이후 일본에 조선의 쌀이 싼값에 수출되면서 쌀값이 폭등했기 때문입니다. 일본과 맺은 조약 이후 백성들이 살기 힘들어졌으니 일본도 책임이 있다는 명분을 내세워 일본 공사관을 공격한 것이었지요.

일본 공사관을 습격한 조선 군인들 임오군란을 일으킨 조선의 구식 군인들은 일본 공사관을 불태우고 일본인 별기군 교관을 살해했다. 그림의 상단에는 일본 공사관을 빠져나와 도망치는 일본인들의 모습이, 하단에는 조선 구식 군인들의 모습이 묘사되어 있다. 서울역사아카이브 제공.

　당시 일본 공사였던 하나부사 요시모토는 급히 일본으로 도주했다가 약 보름이 지난 6월 29일, 다시 조선으로 돌아왔습니다. 그런데 이때 그는 혼자가 아니었습니다. 군함 네 척과 수송선 세 척뿐 아니라 공사관을 지키겠다며 약 1,500명의 일본군을 데리고 왔습니다. 그런데 참 이상합니다. 건물 하나를 지키는 데 1,500명이나 필요할까요? 이 결정에는 조선에 들어와 있는 3,000명의 청나라 군대를 견제하려는 의도가 숨어 있었습니다.

　고종의 요청을 받고 조선에 들어온 청나라 군대가 고종의 아버지 흥선대원군을 임오군란의 배후로 보고 청나라로 납치해갔고 이후 청나라는 조선에 더 깊이 내정간섭하기 시작했어요. 곧이어 조선의 구식 군인들을 몰아내는 것도 성공하지요. 이렇게 해서 임오군란이 수습되지만 난관은 여기서 끝나지 않았습니다. 청나라군과 청나라군을 견제하며 조선에 들어왔던 일본군이 돌아가지 않고 조선에 남아 있었거든요. 조선 내정을 간섭하는 청나라를 지켜본 일본은 생각했지요.

'상황만 잘 만들면 우리도 조선 조정을 장악할 수 있지 않을까?'

계속해서 조선에 군대를 주둔시킨 다음, 적절한 때를 노리려고 한 것입니다.

셋째, 갑신정변
고종을 잠재워 개혁을 꾀하다

임오군란이 일어나고 2년 뒤인 1884년, 판세를 일본에 더욱 유리하게 만드는 일이 벌어지고 맙니다. 1884년 음력 10월 17일 밤 아홉 시경 개국 파티가 한창이던 우정총국 옆 민가에서 불길이 솟구쳐 올랐습니다. 곧이어 고종 부부가 있는 침전으로 한 신하가 급히 달려왔습니다.

"급히 몸을 피하셔야 합니다!"

신하의 다급한 말을 들은 고종은 어리둥절한 표정을 한 채 물었습니다.

"대체 무슨 사고가 일어난 것이냐?"

그런데 대답을 들을 새도 없이, 이번에는 궁 안에서 '펑!' 하고 폭탄 터지는 소리가 들려왔어요. 일본에 나라를 빼앗길 수밖에 없게 한 세 번째 결정적 사건, 조선의 젊은 관료들이 청나라로부터의 독립과 조선의 개화를 목표로 일으킨 '갑신정변甲申政變'이 일어난 순간입니다.

임오군란 이후 김옥균, 서재필 등 고종과 같은 개화사상을 가진 젊은 신진 관료들이 조정에 대거 등용되었습니다. 이들은 조선 내정에 간섭하는 청나라에 대한 반발심을 가지고 있었습니다. 청나라가 싫어지다 보니 청나라의 반대쪽 편을 드는 경향도 생겨났지요. 그렇다면 이때 청나라의 반대쪽이 어디인가요? 그렇죠. 바로 일본입니다.

고종의 명령을 받아 일본을 둘러보고 온 적이 있었던 김옥균이 일본에서 목격한 모습은 그야말로 별천지였습니다. 조선에서는 사람이 수작업으로 하는 일을 일본에서는 기계가 대신하고 있었고 물자 운송도 차량이 대신해 주고 있었거든요. 게다가 조선에는 없던 지폐 주조 기술까지! 발전된 일본의 모습을 보고 김옥균은 깜짝 놀라고 말았습니다.

'조선도 하루빨리 근대화를 해야 한다!'

그래서 일본처럼 조선도 빨리 기계를 도입해 근대화를 시작해야 한다고 주장했어요. 하지만 고종과 명성황후는 청나라의 도움을 받아 점진적으로 개화를 해야 한다고 말했습니다. 생각의 차이를 확인한 김옥균을 중심으로 한 급진개화파는 정변을 일으켜 나라를 단번에 뒤집어 보자는 계획을 세우게 됩니다.

갑신정변의 주역들 좌측부터 박영효, 서광범, 서재필, 김옥균이다. 독립기념관 제공.

김옥균은 거사를 일으키기 전, 일본 공사관을 찾아가 정변 계획을 털어놓았습니다.

"정변을 일으킬 것이니 군사를 내어주시오."

일본의 반응은 어땠을까요? 아주 흔쾌히 군사 지원을 약속합니다. 일본 입장에서는 손 안 대고 코를 풀 좋은 기회였으니까요. 아마 속으로 쾌재를 부르지 않았을까요?

그런데 이 정변에 우리가 잘 알지 못하는 뒷이야기가 숨어 있는데요. 김옥균과 급진개화파는 미처 예상하지 못했던 문제 때문에 하마터면 정변을 시도조차 해 보지 못할 뻔했습니다. 그 문제는 다름 아닌 낮과 밤이 뒤바뀐 고종의 무너진 생활 습관이었습니다. 이 당시 고종은 낮에 잠을 자고, 해가 지면 일어나 밤늦게까지 일하곤 했어요. 아버지 흥선대원군을 포함해 정치적으로 적대 관계에 놓인 인물이 많았기 때문에 주로 밤에 활동한 것이었지요.

또 다른 문제는 명성황후의 정치 참여였습니다. 조선 시대에 왕비는 정치에 참여할 수 없었지만 고종이 새벽 한 시에 신하들을 불러 지시를 내리면 명성황후가 병풍 뒤에서 함께 의견을 나누었습니다. 밤 시간을 이용해 비공식적으로 정치에 참여한 것입니다. 고종이 그렇게 밤에 일을 하고 새벽에 잠이 들었다가 오후 세 시쯤 일어났기 때문에 급진개화파가 정변을 실행하기가 쉽지 않았습니다. 새벽에는 고종의 눈을 피하기 어렵고, 환한 대낮에는 보는 눈이 너무 많았으니까요.

그래서 성공적인 거사를 위해 김옥균과 급진개화파는 고종 잠재우기 프로젝트에 돌입합니다. 김옥균이 남긴 《갑신일록甲申日錄》에 따르면, 급진개화파 관료들은 고종이 잠이 올 때쯤인 아침에 왕의 비서실에 쌓인 문서를 잔뜩 들고 고종을 찾아갔다고 합니다. 결국, 고종은 많은 양의 문서를 확인하고 늦은 오후가 되어서야 깊은 잠에 빠져들 수 있었습니다. 고종 잠재우기 프로젝트가 제대로 성공한 것입니다.

그렇게 고종을 재우는 데 성공한 급진개화파는 계획대로 1884년 음력 10월 17일에 갑신정변을 일으키는 데 성공했습니다. 그리고 고종과 명성황후를 경우궁으로 유인하는 데도 성공했지요. 급진개화파의 요청에 따라 경우궁에 도착한 일본군은 대문 안팎을 둘러싸고 사람들의 출입을 통제했습니다. 김옥균과 급진개화파는 이제 본격적인 개혁을 추진하면 되겠다고 생각했겠지요?

그런데 그로부터 이틀이 지난 시점에 김옥균을 포함한 급진개화파는 물론이고 일본군마저 깜짝 놀라게 한 뜻밖의 사건이 일어납니다. 명성황후의 요청을 받은 청나라가 고종 부부를 구하기 위해 군사를 보낸 것입니다. 궁궐을 점거한 일본군과 급진개화파는 약 500명이었고 조선에 파병된 청나라군은 대략 1,500명이었습니다. 궁 안에서 두 나라의 군대가 제대로 맞붙게 되었지요. 군사 수는 물론이고 화력에서까지 청나라군에 일본군이 밀리는 상황! 이때 일본은 '일본군의 퇴로를 안전하게 보장할 테니 철수하라'는 청

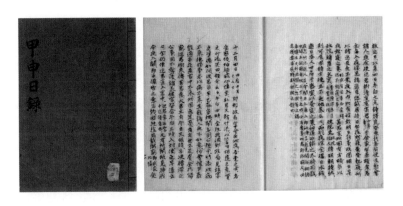

갑신일록 갑신정변 실패 후 김옥균이 일본에 망명해 있는 동안 쓴 기록. 38일 동안 갑신정변을 모의하고 진행한 과정을 비롯해 정변이 실패한 주요 원인으로 일본의 배신을 꼽으며 규탄한 내용 등이 상세히 적혀 있다. 한국민족문화대백과사전 제공.

나라의 요구를 받아들이고 급진개화파의 기대를 저버린 채 임오군란 때처럼 또 한 번 잽싸게 꽁무니를 내뺐습니다.

결국, 10월 17일에 시작된 갑신정변은 10월 19일에 삼일천하로 막을 내리며 실패했습니다. 그렇게 청나라군의 도움으로 갑신정변을 진압한 고종은 11월 말, 일본 측에 사과를 요구했어요. 동시에 정변을 주도했다가 일본으로 망명한 김옥균의 송환도 요구했지요. 그러나 일본은 김옥균의 송환을 완강히 거부했습니다.

김옥균을 손에 쥔
일본의 속내

일본은 어째서 김옥균을 조선에 돌려보내지 않은 걸까요? 여기에는 역시나 일본의 내밀한 속셈이 숨어 있었습니다. 이때 일본은 조선을 침략할 계획을 계속 품고 있었습니다. 그렇다면 조선 침략을 위해서 필요한 것은 무엇이었을까요? 다름 아닌 '협력자'였습니다. 만약 일본 정부가 조선 정부의 요청에 따라 김옥균을 조선에 돌려보내면 어떤 일이 벌어질까요? 김옥균은 사형당하고, 이를 보고 일부 남아 있던 일본에 우호적인 세력마저 등을 돌릴 게 뻔했습니다. 일본 입장에서 김옥균은 반드시 살려 두는 게 이득이었지요.

얼마 뒤 일본은 또다시 뻔뻔한 태도로 조선 정부를 당황스럽게 만들었습니다.

"조선 민중들이 불태운 일본 공사관과 살해당한 일본인들에 대한 피해를 보상하라!"

일본의 주장이 어찌나 황당했는지 조선의 한 관료가 청나라를 찾아가 이런 하소연까지 했을 정도였습니다.

> "조선이 일본에 실수한 일이 없는데 그런데도 감히 조선 정부가 말 못 하고 배상금을 물고 사죄해야 한다니 이 무슨 법인가?"
>
> 남정철, 이홍장, 《북양대신아문필담》

조선이 왜 일본에 사죄하고 배상금을 물어야 하냐며 펄쩍 뛴 것입니다. 하지만 군함과 군대를 앞세운 협박이나 다름없는 일본의 요구에 힘없는 조선 정부는 또 한 번 일본의 말을 들어줄 수밖에 없었어요. 게다가 조선 정부를 좌지우지하고 있었던 청나라도 일본과의 관계 안정을 위해 일본의 요구를 들어주라고 압박했습니다. 결국, 조선 정부는 1884년 음력 11월 24일에 일본인이 입은 피해에 대한 사죄와 보상 그리고 일본 공사관 신축 자금을 지불하기로 약속하는 '한성 조약'을 체결했습니다.

그런데 이때 일본과 청나라 사이에도 조약이 체결됐습니다. 그 조약이 '텐진 조약'입니다. 이 텐진 조약으로 일본은 훗날 조선에 긴급 상황이 발생할 때 일본군을 파병할 수 있게 됩니다.

제1조. 청일 양국은 4개월 이내에 조선에 주둔하고 있는 군대를 철수한다.

제3조. 어느 한쪽이 파병하게 될 경우 상대 국가에 문서로 알리고 사건이 진정되면 즉시 철병하고 주둔하지 않는다.

〈톈진 조약〉

한편 조선은 일본의 야욕을 파악하지 못한 채 일본의 손아귀에서 벗어났다며 안심했습니다. 하지만 일본은 갑신정변이 실패한 이후에도 조선 침략을 꾀하는 움직임을 멈추지 않았습니다. 국가 예산의 20퍼센트 이상을 군사비에 사용하며 힘을 길렀고, 서양의 군사 장비를 수입해 군사 시설도 확장했습니다. 일본은 그렇게 날카로운 발톱을 숨긴 채 결정적 한 방을 노리며 이를 갈고 있었습니다.

넷째, 동학농민혁명
피어오른 청일전쟁의 불씨

1876년 개항 이후, 조선 농민들의 생활은 어려워져 갔습니다. 일본 상인들이 조선 농촌 곳곳에서 쌀을 사간 탓에 정작 조선에는 쌀이 부족했거든요. 게다가 부패한 지방 관리들의 수탈도 극심해져 농민들은 불만이 쌓일 수밖에 없었습니다. 결국 1894년, 전봉준을 중심으로 동학교도와 백성들이 반외세, 반봉건을 외치면서 봉기를 일으키게 되었지요. '동학농민혁명東學農民革命'이 발생한 것입니다. 이번에도 일본은 조선을 장악할 기회를 노렸습니다.

동학농민혁명은 여러 부정을 저질러 농민들의 원성을 산 전라도 고부 군수 조병갑을 처단하기 위해 고부 관청을 습격한 것으로 시작됐습니다. 이후 동학농민군은 황토현 싸움에서 관군과 싸워 승리했고, 장성에서는 정부에서 보낸 정예 부대마저 격퇴했지요. 1,000여 명이었던 동학농민군은 어느새 수천 명으로 늘어나 있었습니다.

동학농민군이 이대로 한성부까지 진격한다면 어떻게 될까요? 덜컥 겁이 난 고종은 이번에도 어딘가에 도움을 요청했습니다. 조선에 큰일이 생기면 찾는 나라, 청나라였습니다.

그러자 조선에 군대를 파견할 때 서로에게 통지해야 한다는 톈진 조약을 근거로 들면서 일본도 조선에 군사를 파견했어요. 청일 양국이 조선에 개입한다는 소식을 들은 동학농민군들은 조선에서 전쟁이 벌어질 것을 우려해 자진해서 해산하게 됩니다.

그렇게 혁명의 불씨가 잦아든 줄 알았던 1894년 음력 6월 21일 자정. 어둠이 짙게 깔린 경복궁 주변에 무장한 군사들이 몰려왔습니다.

"돌격!"

적막을 깨며 모습을 드러낸 무장한 군사들의 정체는 일본군이었습니다. 돌격 신호에 맞춰 거침없이 궁궐 담을 넘은 일본군은 곧장 누군가가 있는 곳으로 달려갔습니다. 이들이 향한 곳은 고종의 침소였습니다. 동학농민군을 진압하고 청나라군을 견제하겠다는 목적으로 조선에 들어온 일본군은 대체 왜 경복궁 점령도 모자라 고종의 침소까지 침입했을까요? 이때 일본이 청나라에 보낸 문서를 보면 일본의 그 음침한 속내를 알 수 있습니다.

> "청나라는 사사건건 스스로 반도를 속국이라 주장하며 음으로 양으로 반도의 내정에 간섭했다. 거기에 내란이 일어나자 속국의 위기를 구한다는 구실로 출병했다. 짐은 조선에 군사를 보내 전란을 영구히 없애 치안을 유지하고, 동양 전역의 평화를 유지하려고 한다."
>
> 〈메이지 천황의 선전포고문〉

조선 내정에 간섭하는 청나라와 싸우겠다고 밝힌 것인데요. 이 〈선전포고문〉을 잘 들여다보면 일본이 내세우고자 한 명분을 알아차릴 수 있습니다. '우리는 침략을 위한 전쟁을 하려는 것이 아니며 조선의 자주독립을 방해한 청나라를 물리치고, 동양의 평화를 지키는 정의의 전쟁을 벌이는 것이다!' 이것이 바로 일본이 국제사회에 보이고 싶었던 모양새였습니다.

그렇다면 경복궁을 무단으로 점거하고 고종의 침소에 침입한 이유는 무엇이었을까요? 청나라와의 전쟁 전에 고종의 동의를 구하기 위해서였습니다. 이때 일본이 고종에게 들으려 했던 말은 '청나라 군대를 조선 영토 밖으로 쫓아내 달라'였습니다. 그러면 일본 군대는 침략군이 아니라 조선을 보호하는 정의로운 군대로 보일 것이라 생각했겠지요.

고종은 이런 일본의 태도에 위협을 느끼고 미국과 영국에 도움을 요청했습니다. 고종의 도움 요청에 두 나라는 어떤 반응을 보였을까요?

"조선 정국에 개입할 수 없다."

이익에 따라 움직이는 서구 열강, 미국과 영국은 고종의 요청을 단호하게 거절했어요. 이때의 고종은 국제 정세의 냉혹함을 미처 알지 못했습니다.

일본군은 경복궁을 습격하고 이틀 뒤, 당시 아시아 최강대국이었던 청나라를 공격하며 청일전쟁을 일으켰습니다. 약 9개월간 이어진 치열한 전투 끝에 청일전쟁은 일본의 승리로 막을 내리게 됩니다. 전쟁에서 이겼으니 이번에도 일본은 조약을 체결하려 했겠지요? 역시나 이 청일전쟁을 마무리하는 회담을 열어 '시모노세키 조약'을 체결했습니다.

"청은 조선이 완전무결한 독립자주국임을 확인한다. 따라서 독립자주를 손상시키는 조선국의 청국에 대한 공헌供獻, 전례典禮 등은 장래 완전히 이를 폐지한다."

정세를 잘 알지 못한 채 이 조약을 보면 조선에 이익이 되는 내용 같아 보입니다. 실제로 조선 사람 중에서는 조약의 내용을 전해 듣고는 "조선이 청으로부터 독립했다!"라며 반기는 사람도 있었다고 하지요. 하지만 일본이 조선을 생각하는 마음으로 이런 조항을 넣었을까요? 말도 안 되는 이야기입니다. '이제 조선은 확실한 독립국이니까 청나라는 신경 쓰지 말 것'을 명시한 것이었지요. 한마디로 이제 청나라는 조선에서 빠지라는 얘기였습니다.

대일본해륙군조선상륙도 청일전쟁 당시 일본군 제1진 해군육전대가 인천에 상륙한 모습을 묘사한 석판화이다. 인천시립박물관 소장.

그러니까 시모노세키 조약은 '이제 청나라를 대신해 일본이 조선을 지배하겠다'라는 선언이나 다름없었습니다. 게다가 전쟁에서 승리한 일본은 청나라로부터 막대한 전쟁 배상금은 물론이고 요동 반도와 대만을 포함한 청나라의 땅까지 받아냈습니다.

조선의 숨통을 튼 뜻밖의 사건, 삼국간섭

청나라와의 전쟁에서 승리한 일본은 그야말로 파죽지세! 조선에서 일본의 영향력은 엄청나게 커지게 되었어요. 제국주의 국가로 나아가며 조선을 식민지로 삼으려 한 일본은 조선의 내정에 야금야금 간섭하며 그 계획을 구체화해 갑니다.

그런데 이렇게 꽉 막혀 있던 조선의 숨통이 뜻밖의 사건 덕분에 트이게 됩니다. '삼국간섭三國干涉'이 일어난 것입니다. 기세가 등등해진 일본이 청나라의 만주까지 진출한 1895년에 러시아, 프랑스, 독일 세 나라가 일본의 만주 진출을 막기 위해 압력을 가한 사건을 삼국간섭이라고 합니다. 세 나라는 '요동 반도를 일본이 소유하는 건 청나라 수도에 대한 위협일 뿐만 아니라, 조선의 독립을 유명무실하게 만드는 것'이라 주장하며 일본이 차지한 요동 반도를 다시 반환하라고 명령했어요. 세 나라 중에서도 일본의 요동 반도 진출을 가장 적극적으로 막아선 나라가 있었습니다. 조선과 만주에 국경을 맞대고 있던 러시아였습니다.

그렇다면 세 나라의 압력을 받은 일본은 과연 어떤 반응을 보였을까요? 압력에 못 이긴 일본은 청나라에 다시 요동 반도를 반환했습니다. 삼국간섭으로 승승장구하던 일본의 기세가 한풀 꺾이게 된 것이었지요. 이 덕분에 조선의 종주국 노릇을 했던 청나라와 청일전쟁 이후 빠르게 부상하던 일본의 힘 모두 약해졌어요. 그렇게 조선에도 잠시 평화가 찾아온 듯했습니다.

다섯째, 을미사변 국모가 살해되고 만 비극

그로부터 얼마 지나지 않아 잠깐의 평화가 와장창 깨지는 사건이 발생합니다. 조선이 일본에 나라를 빼앗기는 결정적 계기가 된 다섯 번째 사건, '을미사변乙未事變'이 일어나고 말았지요.

1895년 음력 8월 20일 새벽, 광화문 밖에서 총성이 울려 퍼졌습니다. 곧이어 자객들이 담을 타고 경복궁 안으로 침입했어요. 경복궁에 침입한 자객들의 작전명은 이른바 '여우사냥'이었습니다. 여우사냥이 의미한 건 무엇이었을까요? 충격적이게도 이들이 사냥 대상으로 삼은 여우는 조선의 왕비 명성황후를 의미했습니다.

경복궁에 침입해 명성황후를 발견한 자객은 명성황후의 가슴을 짓밟은 채로 날카로운 칼을 휘둘렀습니다. 심지어 명성황후를 죽인 다음 증거를 없애기 위해 건청궁 동쪽 녹원 숲속에서 시신을 불태우기까지 했습니다. 남아 있는 명성황후의 흔적이라고는 뼈 몇 줌뿐이었지요. 한 나라의 궁궐 안에서 그 나라의 왕비가 다른 나라 자객들에 의해 잔인하게 살해당한, 동서고금 역사에서 찾아볼 수 없는 참극 중의 참극이었습니다.

이때 일본이 고종이 아닌 명성황후를 노린 이유가 궁금해지는데요. 삼국 간섭 때 러시아의 압력으로 일본이 요동 반도를 반환하는 걸 본 고종과 명성황후는 '러시아는 일본도 무시하지 못하는 나라구나' 생각하고 러시아의 손을 잡기 위해 친러파 관료들을 대거 등용했습니다. 이에 잔뜩 약이 오른 일본은 조선과 친하게 지내며 일본에 걸림돌이 되는 러시아를 막을 방법을 고심하기 시작합니다. 이때 일본이 선택한 방법이 러시아와 정치적으로 가깝게 지내는 명성황후를 시해하는 것이었습니다.

경복궁까지 침입해 대담하게 을미사변을 일으켰지만 이 사건은 조선 백성에게는 물론이고 국제적으로도 큰 비난을 받을 수 있는 일이었습니다. 러시아가 일본을 공격할 빌미를 주게 되면 심각한 외교적 피해를 입을 수도 있었지요. 이 때문에 일본은 사건 다음 날, 충격에 빠져 있던 고종을 핍박해 즉시 사건을 은폐하려고 했습니다. 명성황후 시해 사건을 일본이 벌인 일이 아닌 조선 내부의 정치 다툼에서 비롯한 일로 꾸밀 계획이었지요.

　실제로 사건 전부터 일본은 명성황후와 사이가 좋지 않았던 흥선대원군에게 을미사변의 죄를 뒤집어씌울 작정이었기에 을미사변 현장에 흥선대원군을 끌어들였지요. 그러나 흥선대원군이 일본의 함정을 눈치채고 자신의 공덕동 별장인 아소당에서 꿈쩍도 하지 않는 바람에, 버티는 흥선대원군을 끌고 가느라 경복궁에 도착한 시간이 예상보다 많이 늦어지기도 했습니다. 그럼에도 결국 조선의 국모 명성황후는 일본의 계획대로 처참하게 살해되고 말았습니다.

일본의 감시를 피해
러시아 공사관에 숨은 고종

　일본이 자객과 군인, 경찰을 동원해 명성황후를 잔인하게 살해하고 시신을 불태우던 바로 그때! 이 잔혹한 사건을 목격한 뜻밖의 인물들이 있었습니다.

　　"자객들이 달려들자 궁내부 대신들은 왕후를 보호하려고 두 팔을
　　벌려 앞을 막았다. 자객들은 수차례 왕후의 가슴을 짓밟으며 거듭
　　찔렀다. 실수가 없도록 확실히 하기 위해 왕후와 용모가 비슷한 여

러 궁녀도 살해되었다."

사건을 목격하고 그 진상을 폭로한 사람들은 서양 외교관들이 었습니다. 그 덕분에 극악무도한 일본의 계략은 세상에 낱낱이 알려지게 되었지요. 이때 고종은 사실상 궁궐에 감금된 상태였습니다. 을미사변 이후 궁궐 안에서도 일본의 감시를 받으며 암살의 위협이 도사리는 살얼음판 같은 하루하루를 견뎌내야 했으니까요.

결국 고종은 사변 이후 약 4개월이 지나 일본의 서릿발 같은 눈을 피해야겠다고 결심하고 이를 행동에 옮깁니다. '아관파천俄館播遷'을 들어보았지요? 신변에 위협을 느낀 고종이 왕세자와 함께 러시아 공사관으로 피신해 1년간 머문 사건입니다. 고종에게는 숨 막히는 일본의 감시망을 벗어나기 위한 최후의 선택이었어요.

당시 러시아 공사관은 한성부 정동을 한눈에 내려다볼 수 있는 언덕에 있었습니다. 러시아 공사

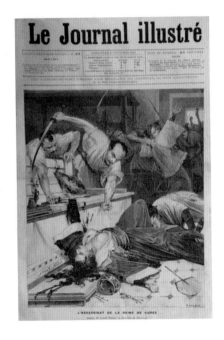

프랑스 주간지에 실린 명성황후 시해 사건

관 안을 서성이며 조선의 궁과 거리를 바라봐야 했던 고종의 마음은 편치 않았을 것입니다. 그래서 다시 한번 반전을 꾀하며 친러파 중심의 새로운 내각을 세웠지요. 게다가 친일파 관료들을 체포하라는 명령까지 내렸습니다. 그런데 안타깝게도 아관파천으로 러시아의 도움을 받는 바람에 조선은 청나라, 일본에 이어 러시아의 내정간섭까지 받게 됩니다. 외교에는 항상 영수증이 청구되기 마련입니다. '살기 위해' 했던 고종의 선택이 또 하나의 악수惡手가 되고 말았지요.

청나라와 일본, 러시아가 조선을 둘러싸고 눈치 싸움을 하게 된 상황! 1897년 2월, 고종은 1년여 만에 지금의 덕수궁인 경운궁으로 환궁했습니다. 그리고 약 9개월이 지난 10월 12일, 조선의 국호를 '대한제국'으로 바꾸고, 초대 황제 자리에 올랐습니다. 열강들 사이에서 자주국의 지위를 지키려는 마지막 노력이었지요.

여섯째, 을사늑약 체결
외교권을 박탈당하다

이런 노력에도 불구하고 아관파천 8년 후인 1905년 11월 17일, 역사상 가장 비극적인 사건이 벌어집니다. 대한제국의 국권이 침탈당한 바로 그 사건! '을사늑약乙巳勒約'이 체결된 것입니다.

경운궁에 있는 황실 도서관 중명전이 갑자기 소란스러워졌습니다. 퇴궐 준비를 하던 대한제국의 대신들이 중명전에 들이닥친 어떤 사람들을 보고 깜짝 놀란 것인데요. 중명전을 습격한 이들은 바로 총칼로 무장한 일본 헌병들이었습니다. 그리고 곧 그들 뒤로 누군가 슬그머니 나타났습니다. 당시 일본 총리였던 이토 히로부미였습니다.

이토 히로부미는 이미 일주일 전 고종을 찾아와 을사늑약 체결을 강요했었어요.

"대한제국의 외교권을 포기하시오!"

이에 고종은 이토 히로부미와 설전까지 벌이며 조약을 체결할 수 없다고 반박했습니다.

"이런 조약은 체결할 수 없소."

그러자 고종에게 비수 같은 한마디가 날아와 꽂혔습니다.

"승낙하든 거부하든 마음대로 하십시오. 그러나 만일 거부한다면 뒷일은 우리도 책임지지 못합니다."

그 오만불손한 태도에 고종은 입을 떡 벌릴 수밖에 없었을 것입니다. 이후에도 고종은 계속 시간을 끌며 조약 체결에 반대했습니다. 그러자 이토 히로부미가 군사를 동원해 중명전에 쳐들어와 강제로 조약을 체결한 것입니다. 황제인 고종의 허락조차 받지 않은 그야말로 날강도 같은 조약이었습니다.

아관파천 이후 조선을 두고 일본과 러시아는 눈치 싸움을 벌이고 있었는데, 일본은 대체 어떻게 러시아를 따돌리고 을사늑약을 체결할 수 있었을까요? 을사늑약을 맺기 1년 전인 1904년에 일본이 러시아의 코를 납작하게 만든 사건, 러일전쟁이 벌어졌기 때문에 가능했습니다.

1904년으로 잠시 거슬러 올라가 볼까요? 대한제국을 삼키고, 한반도를 발판 삼아 만주로 진출하려는 계획을 세운 동양의 신흥국 일본은 '우리가 잘살려면 다른 나라를 침략해야 한다'고 생각해 전

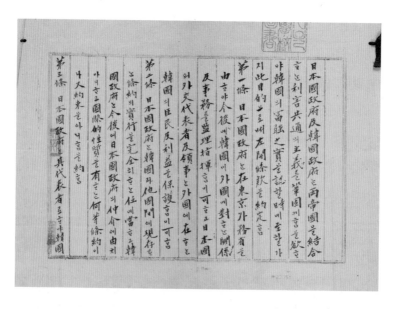

을사늑약 체결서 조정 대신들이 모여 있던 중명전으로 간 이토 히로부미는 일본군에게 외부대신 직인을 훔쳐 오라고 명령한 뒤 조약문에 도장을 찍었다. 이날 을사늑약에 찬성한 다섯 명의 대신이 바로 을사오적乙巳五賊 이완용, 권중현, 이근택, 박제순, 이지용이다. 서울대학교 규장각한국학연구원 소장.

쟁을 국가 발전 정책으로 삼았습니다. 한편 러시아 역시 만주를 지배하고 한반도까지 영향력을 넓히려고 했지요. 이런 두 나라가 제대로 한판 붙게 된 것입니다.

1904년 2월에 시작된 러일전쟁은 이듬해인 1905년 9월까지 이어졌고 엎치락뒤치락하다가 결국 일본이 승기를 잡고 말았습니다. 이후 러일전쟁을 마무리하기 위해 미국 포츠머스에서 러시아와 일본은 강화조약을 맺게 됩니다. 이때 체결된 조약이 '포츠머스 조약'이지요.

> "러시아 제국은 일본 제국이 한국에 대해 정치와 군사 및 경제적인 우월권이 있음을 승인하고 일본 정부가 한국에 대해 관리, 감독, 보호 조치를 할 수 있음을 승인한다. 또한 러시아는 한국 영토의 안전을 위하여 일본이 군사적 조치를 취할 수 있음에 동의한다."
>
> 〈포츠머스 조약〉

이 조약으로 일본은 서구 열강으로부터 공식적으로 대한제국에 대한 보호권을 인정받게 되었습니다. 청일전쟁에 이어 러일전쟁에서까지 승리하며 매우 의기양양해진 일본은 고종에게 황당한 요구를 했어요.

"우리가 대신 청일전쟁, 러일전쟁까지 치르면서 대한제국의 독립을 지켜줬으니 그 대가로 외교권을 내놓으시오."

외교권을 빼앗기는 것이 어떤 의미인지 짚고 넘어갈 필요가 있는데요. 외교권이 넘어간다는 것은 다른 나라와 교섭할 수 있는 권리 자체가 박탈되는 것을 의미합니다. 무역할 때도 원하는 대로 할 수 없고 우리나라의 광산, 목재 같은 이권을 팔 때도 권한을 가질 수 없으니 일본이 우리나라 대신 국가적 이권을 사고파는 행태를 지켜볼 수밖에 없지요.

돈덕전에 모인 고종과 영친왕, 조정 대신들 돈덕전은 고종이 외교 행사와 국제 교류를 위한 공간으로 사용하려 세운 건물이다. 그 일환으로 고종의 즉위 40주년을 축하하는 기념 행사를 열고자 했으나 콜레라가 창궐해 한 번 미뤄지고 아들 영친왕이 천연두를 앓아 또 한 번 미뤄지다가 러일전쟁까지 벌어지면서 뜻을 이루지 못했다. 대한제국이 외교권을 박탈당한 이후 돈덕전은 일본인이 주관하는 행사를 치르는 장소로 전락했다. 국립중앙박물관 제공.

당시 세계 질서는 서구를 중심으로 재편되고 있었습니다. 서구는 전 세계 국가를 세 줄로 나누어 평가했어요. 제일 윗줄에 독립국, 그 아랫줄에 속국, 마지막 줄에 식민지를 두었습니다. 독립국이 아니면 제대로 된 나라로 인정하지 않았기에 독립국이 아닌 나라가 더 힘 있는 나라에 침략당하거나 주권을 빼앗기면 아무런 저항을 할 수 없었습니다. 외교권이 없는 나라는 독립국이 아닌 속국이었어요. 속국이 되는 일은 대한제국에서 국권 침해와 인권 침해, 심지어 사람들이 다치고 죽는 인명 피해가 발생해도 국제사회에 호소하지 못하고 어떤 도움도 기대할 수 없게 되는 것이었습니다.

일본은 을사늑약으로 대한제국의 외교권을 빼앗았고 심지어 을사늑약 체결 2년 뒤인 1907년에는 고종을 강제로 퇴위시키고 순종을 대한제국의 제2대 황제로 즉위시키기까지 했습니다. 대한제국은 바람 앞의 촛불처럼 언제 일본에 잡아먹힐지 모르는 위태로운 처지가 되고 말았고 대한제국을 식민지화하겠다는 일본의 계획은 이제 거의 완성 단계에 접어들고 있었습니다.

국권을 침탈당한 비극의 날, 경술국치

1910년 8월 22일, 오후 한 시경 창덕궁 대조전의 분위기는 착 가라앉아 있었습니다. 무겁게 가라앉은 분위기 속에서 누구 하나 쉽사리 입을 열지 못한 채, 순종의 눈치만 살피고 있었지요. 순종은 눈앞에 놓인 문서를 보고 눈을 질끈 감을 수밖에 없었습니다. 앞에 놓인 그 문서의 정체는 대한제국을 아예 일본에 귀속시키겠다는 충격적인 내용이 담긴 '한일병합조약 체결서'였습니다. 바로 그때, 적막만이 가득했던 대조전에 누군가의 목소리가 울려 퍼졌습니다.

"일본과 조선의 병합은 불가피합니다."

적막을 깨며 일본과의 병합을 강력하게 주장한 이 남자는 누구였을까요? 당시 내각총리대신이었던 친일파 이완용이었습니다. 숨 막히는 분위기에서 대신들의 눈치를 살피며 입을 떼지 못하던 대한제국의 황제 순종은 오랜 침묵을 깨며 어렵게 한마디를 내뱉었습니다.

"모든 신하가 좋다고 하면 짐도 이의가 없다."

결국, 이완용의 뜻대로 순종은 한일병합조약 체결서에 도장을 찍었습니다. 이 사건을 경술년에 당한 나라에 씻을 수 없는 치욕이라 해서 '경술국치庚戌國恥'라고 부릅니다. 일본에 나라를 빼앗긴 그날, 어떤 기록이 남아 있을까요?

"한국의 통치권을 종전부터 친근하고 신임하던 이웃 나라 대일본 황제 폐하께 양여하여 밖으로 동양의 평양을 공고히 하고 안으로 팔도 민생을 보전케 하노니 일본 제국의 문명 신정에 복종하여 모두 행복을 받도록 하라."

《승정원일기》

순종이 대신들과 백성들에게 남긴 마지막 말이었습니다. 조선 왕조 518년의 역사가 너무나도 허무하게 끝나 버린 순간입니다. 이 마지막 기록을 끝으로 대한제국의 공식 기록은 존재하지 않습니다.

이때 일본은 강제로 조선을 식민지로 만든 일을 기념하기 위해 엽서를 만들었습니다. 엽서 상단에는 일본의 메이지 천황이 있었고 하단에는 대한제국의 황제 순종이 있었습니다.

이에 그치지 않고 한일강제병합 이후 계속해서 엄청나게 많은 선전 엽서를 배포했습니다. 엽서를 통해 한일강제병합의 정당성을 선전하고 또 미화하려 했던 것이지요.

일본이 배포한 한일강제병합 기념 엽서 일본 황실을 상징하는 새가 긴 꼬리를 드리우고 있고 상단에 일본의 메이지 천황을, 하단에 대한제국의 순종 황제를 배치한 것에는 상하 관계를 드러내려는 의도가 숨어 있다. 이돈수 한국해연구소장 제공.

한일강제병합은
왜 뒤늦게 알려졌나

그런데 이 사건 속에는 우리가 잘 알지 못하는 이야기가 숨어 있습니다. 일본이 한일병합조약 체결 소식을 대한제국에 일주일 뒤에 알린 것인데요. 일본은 이미 5년 전 을사늑약을 체결했을 때, 항일 의사들의 극심한 반발을 경험했었습니다. 그래서 이번에는 그들의 항거를 미리 막기 위해 비밀리에 움직였지요.

한일병합조약을 체결한 다음 날부터 일본 헌병과 경찰은 대한제국 거리를 돌아다니며 사람들을 감시하기 시작했습니다. 그러면서 전국 곳곳에서 수천 명의 항일 의사들도 체포했어요. 영문도 모른 채 갑자기 체포된 항일 의사들은 붙잡혀 있는 채로 한일강제병합 소식을 듣게 되었지요. 이렇듯 모든 준비를 마친 후 일본 통감부는 한일병합조약 체결 사실을 발표했습니다.

대한제국이 일본의 손에 넘어갔다는 소식을 뒤늦게 알게 된 대한제국 사람들! 당시 한성부 거리의 분위기는 어땠을까요? 어떠한 소란도, 소요도 없이 무척이나 고요했다고 합니다. 한 일본인 기자는 이날의 풍경을 '기이한 느낌이었다'라고 표현하기도 했어요. 저항의 불씨를 없애버린 뒤에 한일강제병합을 발표한 일본의 의도대로 조선은 조용히 국권 침탈을 겪어야만 했던 것입니다.

그렇다면 한일강제병합이 공표된 그날, 일본의 풍경은 어땠을까요? 도쿄 거리가 온통 흥분으로 들끓었습니다. 일본 천황은 이렇게 말하며 자축했어요.

"일본 제국 최고의 성과이며 일생일대의 업적이다!"

고요한 한성부와 환호로 들끓은 도쿄. 이 대조적인 풍경이 이후 펼쳐질 한일 관계를 그대로 함축하고 있는 듯했습니다.

조일수호조규 체결을 시작으로 일본이 조선을 침략해 식민지로 만들겠다는 목표를 이루기까지 걸린 시간은 40년이 채 되지 않았습니다. 조선이 잠시 주춤한 사이, 일본은 날카로운 이빨을 드러냈다가 한발 물러서기도 하면서 먹잇감의 급소를 찾는 독뱀처럼 우리나라를 노리고 있었습니다. 그 결과, 우리는 나라를 일본에 송두리째 빼앗기고 말았지요.

제국주의 국가로 발돋움하고자 했던 일본의 야망과 국제 정세에 무지했던 조선 조정, 외세의 힘을 빌리려 한 조선의 무기력이 얽혀 한일강제병합이라는 안타까운 결과를 낳았습니다. 그러나 우리나라가 준비와 대처가 부족했다고 하더라도 다른 나라를 침략하고 국권을 침탈한 일은 어떤 이유에서도 정당화될 수 없습니다. 우리가 가슴 먹먹하면서도 암울했던 과거에 관해 배우고, 또 이야기하는 이유는 과거를 반면교사 삼아 더욱 올바르고 현명하게 살아가기 위함입니다. 아픈 역사를 똑바로 바라보고 앞으로 나아가는 힘을 키우는 것이 역사를 아는 사람들에게 주어진 과제일 것입니다.

2장

벌거벗은 3·1운동

심옥주(한국여성독립운동연구원 원장)

열일곱 살 유관순은
어떻게 거리를 태극기로 물들였나

1919년 3월 1일은 대한민국 국민이라면 누구나 기억해야 하는 날이지요. 민족 대표 33인이 태화관에서 독립선언서를 낭독하고 탑골공원에서 뜨거운 만세 시위가 시작된 날입니다. 그런데 1년 뒤인 1920년 3월 1일에도 만세운동이 일어났다는 사실을 알고 있나요? 더구나 만세운동이 일어난 장소는 독립운동가들에게 잔인한 고문을 자행했던 서대문형무소였습니다. 당시에는 일제 탄압의 상징으로 서대문 감옥으로 불렸지요. 바로 이 감옥에서 만세운동이 일어났는데요. 주도한 인물은 누구였을까요?

그 주인공은 3·1운동의 상징과도 같은 인물, 유관순이었습니다. 서대문형무소에 갇힌 유관순은 이대로 독립 투쟁을 끝낼 수 없다고 생각하고 일제에 필사적으로 저항하기 위해 목놓아 외쳤어요.

"대한 독립 만세! 대한 독립 만세!"

유관순은 이날의 만세운동 이후, 더욱 가혹해진 일제의 고문을 견디지 못하고 결국 옥중에서 세상을 떠나고 맙니다. 이때 그녀의 나이는 고작 만 열일곱 살이었습니다. 명랑한 어린 소녀였던 유관순은 어떻게 항일 투쟁을 주도한 독립투사가 되었을까요? 유관순 열사는 3·1운동을 대표하는 독립운동가로 유명한 만큼 이미 잘 아는 인물로 여기는 분들이 많을 텐데요. 과연 우리는 유관순을 잘 알고 있을까요? 나라를 지키고자 했던 어린 소녀 유관순의 용기는 언제, 어떻게 시작되었는지, 또 그녀는 왜 감옥에 갇혀서도 만세운동을 주도할 수밖에 없었는지 그 치열하고도 험난했던 삶을 낱낱이 벗겨보겠습니다.

소녀 열사의
유년 시절

한반도에 일본 제국주의의 먹구름이 드리운 1902년의 어느 날, 유관순은 지금의 충청남도 천안시 병천면 용두리의 한 초가집에서 3남 2녀 중 둘째 딸로 태어났습니다. 훗날 유관순이 주도하여 만세운동을 일으킨 장소인 아우내 장터는 이곳 용두리에서 3킬로미터 정도 떨어져 있었습니다. 장날이면 어린 유관순은 어머니의 치마폭을 꼭 쥐고 맛있는 간식과 신기한 물건이 즐비한 아우내 장터를 구경하는 데 여념이 없었겠지요.

유관순의 고향 용두리에는 그녀의 삶에 큰 영향을 준 장소가 하나 더 있습니다. 바로 유관순 생가 앞에 있는 교회였습니다. 초가 형태였던 이 교회의 이름은 매봉교회로, 오늘날에도 같은 자리에 위치하고 있지요. 이곳에 기도회를 연 인물은 미국에서 온 엘머 케이블Elmer M. Cable이라는 충청도 주재 선교사였습니다. 엘머 케이블은

매봉교회 전경 충남 천안시에 위치한 천안 동부 지역 최초의 교회인 매봉교회는 3·1운동 당시 아우내 장터의 만세운동을 주도했다. 기독교대한감리회가 신축 사업을 전개해 지금 같은 모습의 건물이 되었다. 교회 바로 옆에는 유관순의 생가가 자리 잡고 있다. 한국향토문화전자대전/한국중앙연구원 제공.

한성부로 오가는 길목에 있던 용두리에서 기도회를 열고 기독교를 널리 알리기 시작했습니다.

그렇다면 이 용두리 마을의 첫 기독교 신자는 누구였을까요? 바로 유관순의 증조부 유빈기와 육촌 할아버지 유승백이었습니다. 그렇게 유관순의 집안을 시작으로 작은 시골 마을에 빠르게 기독교가 전파되었어요. 유관순도 어려서부터 부모님을 따라 자연스럽게 교회를 나니게 되었시요.

기독교에서는 '이웃을 사랑하라', '당신은 사랑받기 위해 태어난 존재다'라고 가르칩니다. 남녀가 유별한 시대였기에 여성에게도 '당신은 존중받아 마땅한 존재'라고 말해주는 기독교의 가르침은 당시에는 상상하기 어려운, 신선한 충격을 주는 메시지였습니다. 그러나 유관순은 자연스럽게 새로운 종교를 유연하게 받아들인 집안 분위기 덕분에 남녀 구분 없이 모두가 존중받아야 마땅하다는 평등사상 속에서 자라날 수 있었고, 그런 그녀에게 교회는 놀이터이자 배움터였지요. 이로 인해 생겨난 이웃과 나라를 사랑하는 태도, 또 내 나라가 존중받길 바라는 마음에서 피어오른 여러 고민이 독립운동으로 확장되었다고 볼 수 있습니다.

이런 유관순은 어릴 때부터 한 가지 남다른 기질을 보여 주었는데요.

"관순은 어려서부터 씩씩한 장난을 좋아하고 장난을 하면 반드시 우두머리가 되었다."

유제한의 증언

유관순의 조카 유제한의 증언에 따르면 씩씩하고 장난기 가득했던 유관순은 친구들과 어울릴 때면 꼭 대장 역할을 맡았다고 합니다. 지기 싫어하고 고집스러운 면도 있었고 어려서부터 남다른 리더십을 보였다고 해요.

정미의병 봉기가 불러온
마을의 위기

1907년의 어느 날, 골목대장 유관순은 친구들과 마을을 뛰어놀다가 멀리서 들려오는 벼락같은 총소리에 깜짝 놀랐습니다. 총소리가 들릴 때마다 어린 유관순은 콩닥콩닥 불안하게 뛰는 가슴을 쓸어내리며 고개를 갸웃거렸겠지요. 얼마 지나지 않아 유관순의 불안은 현실의 불행이 됩니다. 유관순이 다니던 집 앞의 교회가 불타오른 것입니다. 초가로 지은 교회는 순식간에 불길에 휩싸였고, 검은 연기와 함께 불똥이 바람을 타고 어지럽게 하늘로 날아올랐습니다. 교회를 불태운 범인은 다름 아닌 일본군이었습니다. 일본군이 왜 작은 시골 마을에까지 들이닥친 걸까요?

1907년, 우리나라에 무슨 일이 일어난 것일까요? 일본이 대한제국의 황제 고종을 강제로 폐위하자 이에 분노한 사람들이 일본군과 싸우겠다며 전국 곳곳에서 활동했는데요. 산을 넘어 마을에도 숨어들곤 했어요. 그들이 숨어든 마을의 사람들은 의병들을 숨겨 주고 보호해 주었지요.

의병을 숨겨 주기 위한 소통과 왕래가 일어난 교회를 일본군이 마을 사람들에게 경고하는 의미로 불을 지른 것이었습니다. 이내 일본군은 민가에도 불을 질렀습니다. 눈앞에서 교회가 불타는 모습을 보게 된 유관순은 어려서 잘 몰랐지만 '일본이 우리를 많이 괴롭히는 게 분명하구나' 생각하며 서서히 반일 감정이 싹트기 시작했습니다.

그로부터 3년 뒤인 1910년, 앞서 살펴봤듯이 이때 대한제국은 경술국치라는 비극을 맞이했습니다. 끝내 국권을 상실하고 일제의 식민지가 되는 바람에 백성들은 망국민으로 전락하고 말았지요. 그런데 이런 나라의 위기 속에서도 유관순의 아버지 유중권은 절망에만 잠겨 있지 않았어요. 재산을 털어 '흥호학교'라는 학교의 설립을 도왔고 나중에는 운영에도 참여합니다. 그의 노력과 의지는 자주독립의 길을 모색하기 위한 교육 사업으로 볼 수 있지요. 놀라운 점은 유중권이 학자가 아니라 평범한 농민이었다는 것입니다. 그는 기독교의 영향으로 일찍이 교육의 중요성을 깨달아 선진적인 의식을 지녔던 것으로 보입니다.

이화학당 학생으로 시작한
경성 유학 생활

만 열세 살이 된 유관순은 아버지 곁을 떠나 경성에 가기로 합니다. 갑자기 왜 경성행을 결심하게 되었을까요? 유관순의 이 같은 결정에 영향을 준 사람은 1900년 대한제국에 온 캐나다 출신 미국 국적의 선교사 앨리스 해먼드 샤프Alice Hammond Sharp였습니다. 이 선교사를 우리식 이름으로는 사애리시라고 불렀어요. 성인 '샤프'는 '사' 씨가 되었고, 이름인 '앨리스'는 '애리시'가 되었지요.

사애리시는 여성 교육에 큰 관심이 있어서 여러 지역의 교회를 돌아다니며 똑똑한 여자아이들을 관찰하고 있었어요. 유관순은 그런 사애리시의 추천으로 전액 장학금을 받고 경성의 이화학당에 다니게 된 것이었습니다.

이화학당은 1886년에 미국 선교사 메리 스크랜턴Mary Scranton이 설립한 우리나라 최초의 여성 교육기관입니다. 고종 황제가 이화(배꽃)라는 교명을 하사한 신식 학교로 지금의 이화여자고등학교와 이화여자대학교의 전신이기도 합니다. 그렇게 유관순은 사애리시 선교사의

사애리시 선교사

개교 초기의 이화학당 이화학당을 설립한 선교사 메리 스크랜턴은 여성 교육의 필요성이 경시된 사회 분위기 속에서 여학생을 모집하는 데 어려움을 겪었으나 고종이 직접 학교 이름을 정해 준 후부터 모집이 수월해졌다. 유관순이 이화학당에 편입한 1916년 기록에 따르면 경성에만 15개의 이화부속학교가 있었고 학생 수는 1,800명에 달했다. 학교 운영비를 미국에서 보내온 기부금으로 충당했기 때문에 일제가 함부로 할 수 없는 학교였다. 이화여자대학교 이화역사관 제공.

도움으로 이화학당의 학생이 되어 경성 유학 생활을 시작하게 되었습니다.

그런데 이화학당에서 유관순이 품행 부문에서 낙제점을 받으며 학생들 사이에서 화제가 되는 일이 생깁니다. 사건의 전말은 이러했습니다. 기숙사에서 지내는 학생들은 자기 전에 돌아가면서 기도를 해야 했는데요. 보통 기도를 마무리할 때는 "예수님의 이름으로 빕니다"라고 했습니다. 그런데 유관순이 "명태 이름으로 빕니

이화학당 시절의 유관순과 학우들 윗줄의 우측 끝에서 옆 학우의 어깨에 팔을 올린 인물이 유관순이다. 독립기념관 제공.

다"라고 말하며 기도를 끝낸 거예요.

갑자기 웬 명태일까요? 같은 방을 쓰는 친구의 집에서 보내준 명태 반찬이 너무 맛있었다는 이유로 장난을 친 것이었어요. 같은 방 학생들은 모두 배를 잡고 웃었고, 기숙사를 돌던 사감은 웃음이 터진 유관순의 방 학생 모두에게 품행 점수 낙제점을 줬다고 합니다.

오늘날 우리는 유관순 하면 엄숙한 독립운동가의 모습만을 떠올립니다. 하지만 이 일화를 통해 알 수 있듯이 유관순은 낙엽 구르는 것만 봐도 즐거운 소녀였어요. 그 나이대 청소년과 마찬가지로 발랄하고 사랑스러웠지요.

1919년 3월 1일,
울려 퍼진 대한 독립 만세!

이화학당에서 여느 사춘기 소녀와 다르지 않은 모습으로 즐거운 학창 시절을 보내던 유관순이 열여섯 살이 되던 해, 청천벽력 같은 기사를 접하게 됩니다. 대한제국 초대 황제 고종의 사망 소식을 알리는 기사였습니다.

조선총독부는 고종이 뇌출혈로 사망했다고 발표했으나 우리나라 국민 사이에서 고종의 사인이 독살이라는 소문이 퍼져 나갔어요. 고종의 사망 소식은 민족적 울분을 촉발했고 쌓여 온 항일감정이 폭발하는 계기가 되었습니다.

마침내 고종의 장례식이 있기 이틀 전인 1919년 3월 1일, 경성 소재 학교 학생들이 하나둘 어디론가 모여들기 시작했습니다.

> "어느새 공원 안은 입추立錐의 여지 없이 학생으로 꽉 차 있었다. 일은 일어나는구나 생각하니 나는 소름이 온몸에 끼치며 긴장으로 가슴이 조여들었다."
>
> 《신동아》 1969년 3월호 〈광복의 증언〉

당시 연희전문학교 학생이었던 정석해 연세대학교 교수가 기고한 내용 일부입니다. '입추의 여지 없이'는 '송곳 끝도 세울 수 없을 정도로 발 들여놓을 데가 없이'를 의미해요. 그만큼 많은 학생들로 꽉 차 있었던 이곳! 3·1운동 장소로 알려진 탑골공원이었습니다.

3·1운동이 일어난 때, 일제는 헌병을 동원해 총과 칼로 우리 민족을 억누르는 무단통치를 감행하고 있었습니다. 일제는 우리 민족의 언론·출판·집회 활동도 금지하고 탄압했어요. 이 때문에 3·1운동의 초기에는 민족대표 33인과 더불어 비교적 활동이 자유로웠던 학생들이 비밀결사대를 조직해 만세운동을 주도했습니다.

이날 민족대표 33인은 서울의 태화관에 모여 독립선언서를 낭독한 뒤 자수했습니다. 그사이 탑골공원에서는 한 학생이 팔각정에 올라 독립선언서를 낭독했고, 모여 있던 학생들과 수많은 사람의 만세 시위가 전개되었지요. 3·1운동의 시작이었습니다. 사람들은 너도나도 태극기와 모자, 수건을 흔들면서 큰소리로 외쳤습니다.

"대한 독립 만세!"

그렇다면 이 무렵 유관순은 뭘 하고 있었을까요? 유관순은 발을 동동 구르고 있을 수밖에 없었어요. 이화학당의 교문이 굳게 잠겨 있었기 때문입니다.

"여러분의 깊은 뜻을 잘 압니다. 그러나 이곳은 학교이고 여러분은 아직 연약한 학생입니다. 내보낼 수 없습니다."

조국을 위해 거리로 나가려는 학생들과 그 앞을 막아선 이화학당 교장의 한 치의 양보도 없는 대치 상황! 결국 유관순은 네 명의

3·1운동 당시 시위 군중들 탑골공원에 모여 있던 학생들을 포함해 수많은 군중이 덕수궁 앞을 지나 여러 곳을 행진하면서 만세를 불렀다. 3월 3일이 고종의 장례일이어서 경성에 와 있던 많은 사람이 이 광경을 보며 동참했고 이후 전국 각지는 물론 중국과 러시아, 미국 등 해외에서도 만세의 함성이 이어졌다. 독립기념관 제공.

친구들과 함께 기숙사 뒷담을 넘어 거리로 나가 만세 시위 행렬에 합류했습니다. 이렇게 함께 기숙사 담을 넘어가서 목숨을 걸고 독립을 외친 유관순, 서명학, 김복순, 김희자, 국현숙을 '5인의 결사대'라고 부릅니다.

"우리나라는 일본 제국주의의 폭정 밑에서 고통과 굴욕을 밥 먹듯이 하며 살아야 했습니다. 따라서 우리 민족의 일본에 대한 나쁜 감정은 극에 이르러 있었고, 더욱이 신학문을 배우던 당시 이화학당 학생들의 반일 감정은 정말로 날카로웠습니다."

김복희 애국지사의 증언

이 기록은 유관순의 이화학당 후배인 김복희 애국지사가 남긴 말입니다. 혼란한 시대를 살아가는 것만으로도 벅찼을 어린 소녀들이 제한되었던 여성 역할의 한계를 넘어 나라를 위해 어떤 역할을 할 수 있을지 고심했던 것입니다.

"이미 우리의 꼴은 머리가 풀려 헝클어졌고 신발도 벗겨져 나간 외에 치마마저 멋대로 풀린 상태였다."

고수선 애국지사의 증언

같은 날, 경성여자고등보통학교 학생이었던 고수선 애국지사는 당시 만세 시위의 현장을 이렇게 기억합니다. 수많은 군중에게 휩쓸려 경성역까지 나아갔고 계속해서 만세를 외치다 정신을 차려 보니 머리는 산발이 되어 있었고 옷차림도 멀쩡하지 못했다고요.

그동안 입 밖에 내지 못했던 '대한'을 외치고 '독립 만세'를 부르짖었던 이들의 전율과 감격이 느껴지지 않나요? 시위에 참여한 사람들은 몸은 물먹은 솜처럼 무겁지만 해방의 기운으로 가득 찬 공간에서 맛본 벅찬 감동으로 가슴이 두근거렸을 것입니다. 만세운동을 마치고 학교로 돌아온 유관순 역시 마찬가지였을 테지요.

횃불을 들어 되살린
거족적 만세운동의 불씨

만세운동이 끝나고 며칠이 지난 3월 5일, 아침 여덟 시경 남대문역 광장에 인력거 두 대가 깃발을 휘날리며 등장했습니다. 인력거에는 남학생 두 명이 각각 타고 있었는데, 깃발에는 '조선 독립'이 적혀 있었어요. 이들의 정체는 '학생 연합 시위 운동'의 행동대장 강기덕과 김원벽! 둘은 광장 안 사람들 사이를 헤집고 나가 선두에 서서 외쳤습니다.

"대한 독립 만세!"

이들의 외침을 신호탄 삼아 많은 사람이 함께 만세를 부르며 앞으로 나아갔지요. 만세를 부르며 나아간 군중 속에 유관순도 있었습니다.

그런데 이날의 시위는 3월 1일과는 사뭇 다르게 흘러갔습니다. 시위 현장에 출동한 일본 경찰들이 시위 중인 학생과 시민을 무차별적으로 구타하며 검거하기 시작한 것입니다. 이 과정에서 유관순과 이화학당 학생들도 여럿 붙잡히고 말았는데 다행히 바로 석방되었어요. 학생들은 어떻게 바로 풀려날 수 있었을까요? 이화학당의 교사인 외국인 선교사들이 체포된 아이들을 석방하라고 강력히 항의했거든요. 일제라고 해도 국제사회의 여론을 움직일 수 있는 외국인 선교사들을 무시하기는 어려웠습니다.

전국 곳곳에서 동시다발적으로 거족적인 만세운동이 벌어지는 상황에서 일본이 가장 골칫거리로 여기게 된 대상이 있었습니다. 바로 각지에서 똘똘 뭉쳐 시위를 벌이는 학생들이었지요. 결국, 3월 10일에 조선총독부는 전국적으로 휴교령을 선포했습니다. 학생들이 모여 있을 수 없도록 한 것입니다. 학교가 문을 닫자, 유관순도 어쩔 수 없이 기숙사를 나와 고향 천안으로 향할 수밖에 없었습니다.

고향에 내려온 지 얼마 지나지 않은 3월 31일 밤, 유관순이 어둠을 틈타 은밀하게 어딘가로 이동하기 시작했습니다. 그녀가 향한 곳은 천안 병천면에 있는 매봉산이었어요. 산봉우리 정상에 오른 유관순은 준비해 온 횃불에 불을 붙인 후 타오르는 횃불을 높이 치켜들었습니다.

그 순간! 놀랍게도 다른 마을의 산에서도 하나둘 횃불이 치솟기 시작했습니다. 대체 무슨 일이 벌어진 걸까요? 횃불은 유관순과 뜻을 함께하기로 한 이들이 주고받은 모종의 신호였습니다. 만세 시위에 참여하겠다는 뜻을 약속하고 다짐하는 봉화였지요. 유관순이 이곳 천안 병천면에서 또 한 번 만세운동의 불씨를 되살리려고 한 것입니다.

그렇다면 유관순은 어떻게 한 달도 채 안 되는 기간에 시위 계획을 세우고 행동에 나설 수 있었을까요? 누군가의 도움이 있었기에 가능했는데요. 유관순에게 도움을 준 사람은 바로 고향으로 돌아오자마자 만난 아버지 유중권이었습니다. 유중권은 딸 유관순의 뜻을 적극적으로 지지했어요. 유중권 역시 대한제국의 자주독립을 꿈꾸며 가산을 털어 학교를 세운 인물이었던 것 기억하지요? 유중권과 유관순은 그 아버지에 그 딸이었지요.

유관순은 아버지의 든든한 지원을 등에 업고 마을 구석구석을 돌아다니며 동네 어른들을 찾아가 만세운동의 필요성에 대해 이야기하며 끊임없이 설득했고, 마을 유지들과 어른들이 목숨을 길고 함께 만세를 외치자는 열여섯 살 소녀의 당찬 제안에 흔쾌히 승낙해 행동에 나선 것이었습니다. 그 뒤로 유관순은 가족이 사는 마을뿐 아니라 병천면에 있는 다른 여러 마을의 협조까지 얻어 구체적인 거사 계획을 세웠습니다. 거사 날을 4월 1일, 거사 장소를 아우내 장터로 정한 뒤 한땀 한땀 태극기를 그려 나가며 때를 기다렸지요.

유관순을 울부짖게 한 아우내 장터의 비극

그렇게 아우내 장터의 장날이자 거사를 벌이기로 한 4월 1일! 과연 이 아우내 장터에는 사람이 얼마나 모였을까요? 놀랍게도 무려 3,000여 명이 모여들었습니다. 아우내 장터는 물건을 사고파는 수많은 이들이 모이는 장소였어요. 특히 장날에는 더 많은 인파가 몰려 거사 직전까지 의심을 피할 수 있는 곳이었기에 만세운동 장소로 안성맞춤이었지요.

여러 마을에서 온 3,000여 명의 군중은 태극기를 흔들고 큰 목소리로 '대한 독립 만세'를 외치며 지금의 파출소와 같은 주재소를 향해 걸어나갔어요. 하지만 시위 행렬에 대한 일제의 대응은 점점 더 그 수위를 높여가고 있었습니다. 3월 1일의 만세운동에 무방비 상태였던 일제는 3월 5일 일어난 학생 연합 시위운동에서 폭행과 구타로 대응했고 이번 아우내 장터 시위에는 총과 칼까지 동원해 진압하기 시작했습니다.

평화 시위로 시작된 아우내 장터의 만세운동은 시위에 참가한 사람들을 죽이는 일본군의 잔인한 대응으로 상황이 변하면서 순식간에 아비규환이 되고 말았습니다. 바로 그때! 유관순을 절망에 빠뜨리는 끔찍한 비극이 일어나고 맙니다.

"어째서 사람을 함부로 죽이느냐!"

시위 행렬 속에서 일본군에 항의하던 유중권이 일본군의 총에 맞아 그 자리에서 즉사하고 만 것입니다. 유중권은 유관순에게 신식 교육을 받을 수 있게 도와준 열려 있는 아버지이자 만세운동을 적극적으로 지지해 준 정신적 지주였습니다. 그런 아버지의 죽음을 목격한 유관순은 울부짖을 수밖에 없었습니다.

"내 나라를 되찾으려는 정당한 일을 하고 있는데, 어째서 전쟁에서 쓰는 무기를 사용해 우리를 죽이느냐!"

　하지만 비극은 여기서 끝나지 않았습니다. 남편의 죽음에 격분한 유관순의 어머니가 일본군에게 달려들다가 칼에 찔려 목숨을 잃고 말았습니다. 든든한 버팀목이었던 부모님을 눈앞에서 처참하게 잃고 만 유관순은 이때 피를 토하는 심정으로 울부짖는 것 외에 할 수 있는 일이 없었습니다. 일본군의 무자비한 진압에 시위 참가자들 역시 소리 지르며 저항했지만 그들의 손에 들린 태극기 한 장으로는 일본군의 총검을 막을 수 없었지요. 이날, 아우내 장터의 만세운동으로 열아홉 명이 순국했습니다. 이 비극적인 사건은 유관순이 반일 감정을 지닌 학생에서 일제에 적극적으로 저항하는 독립투사로 변모한 계기가 되었던 것 같습니다.

아우내3·1운동독립사적지 아우내 만세운동을 기리기 위해 충남 천안시 병천면 매봉산 아래에 지은 추모각으로 안에는 월전 장우성이 그린 유관순 열사의 초상이 모셔져 있다. 문화재청 제공.

일제의 잔혹한 만행!
제암리 학살 사건

일제의 잔혹한 대응은 유관순의 부모님과 이웃을 죽인 것으로 끝나지 않았습니다. 그해 4월 15일, 화성시 제암리에 수십 명의 일본군이 들이닥쳤습니다.

"제암리 마을의 성인 남자들은 모두 빠짐없이 교회로 모여라!"

총검으로 무장한 일본군의 영문 모를 명령에 마을 사람들은 고개를 갸웃거리면서도 그저 따를 수밖에 없었습니다. 그렇게 약 스무 명의 주민이 하나둘 교회로 모여든 그때! 일본군은 교회의 문을 밖에서 잠그고 주민들을 교회에 가둬 버렸습니다.

> "일본군이 즉시 교회 건물을 포위하고 창호지를 통해 집중사격을 시작하였다."
>
> 〈스코필드 박사 보고서〉

일본군은 교회를 둘러싸고는 총을 마구 난사하기 시작했습니다. 교회에 갇힌 주민들은 반항 한 번 제대로 하지 못하고 일본군의 총에 맞아 무력하게 쓰러질 수밖에 없었지요. 심지어 아이를 안고 들어간 부모가 아이만은 살려 달라고 간절히 외쳤지만 일본군은 피도 눈물도 없이 학살을 감행했어요. 순식간에 아비규환이 된 교회는 참혹한 학살의 현장으로 변해버렸습니다. 이렇게 일어난 제암리 학살 사건. 대체 왜 일본군은 갑자기 찾아와 이런 끔찍한 학살을 자행했을까요?

보름 전인 3월 31일, 발안 장터에서 1,000여 명의 군중이 모인 만세운동이 일어났습니다. 발안 장터에서 약 2킬로미터 떨어진 곳에 사는 제암리의 주민들과 고주리의 일부 주민이 이 만세운동에 참여했지요. 일본인 학교와 주재소에 불을 지를 정도로 당시 시위는 거셌습니다. 이 일로 일본군은 벼르고 있었던 거예요. 발안 장터 만세운동의 참여자들을 검거하려고 했는데 잘 잡히지 않자 마치 분풀이를 하듯 학살을 벌인 것입니다.

심지어 일본군은 총을 쏜 뒤에는 교회에 기름을 뿌리고 불까지 질렀습니다. 자기들이 한 짓을 감춰야 했으니까요. 교회뿐 아니라 민가 30여 채까지 불태워 버렸습니다. 그렇게 일본군의 총칼에 목숨을 잃은 제암리 주민은 무려 약 30명이었습니다. 제암리 주민들의 삶을 무참히 짓밟은 일본군은 여기서 그치지 않고 곧바로 옆 마을 고주리로 넘어가서는 고주리에 살고 있던 독립운동가 김흥렬과 그의 일가족 여섯 명을 무참히 죽였습니다.

저항할 힘이 없는 무고한 주민들을 상대로 벌인 일본군의 대학살. 이날 벌어진 잔혹한 사건을 제암리·고주리 학살 사건이라고 부릅니다. 일제에 의해 은폐될 뻔한 제암리·고주리 학살 사건은 선교사와 외국인 기자들의 노력으로 간신히 국제사회에 알려질

제암리 학살 사건으로 폐허가 된 제암리 교회의 모습 독립기념관 제공

수 있었습니다. 그리고 이 무자비한 살육을 알고 분노한 단체가 있 었습니다.

"이날에 희락하고 놀 뛰는 자여, 이 광경을 잊지 마라."

〈독립신문〉 1920년 3월 1일

대한민국 임시정부가 '조국의 현실을 외면한 채 즐거이 지내는 이들이 있다면, 일제의 이 끔찍한 만행을 기억하라'고 말한 내용입 니다. 일제 치하에서 벗어나 자유를 찾기 전까지는 우리 동포 모두

제암리 학살 사건이 언급된 〈독립신문〉 기사
(1920년 3월 1일) 제암리 학살 사건 피해자의 사
진과 함께 '이날에 희락하고 놀 뛰는 자여, 이 광
경을 잊지 마라'라는 글이 담겨 있다. 대한민국역
사박물관 소장.

에게 언제든 제암리·고주리 학살 같은 비극이 찾아올 수 있다는 경고이기도 했지요.

오늘날 제암리·고주리 학살 사건을 기억하고 추모하는 장소가 바로 2024년 4월에 개관한 화성시독립운동기념관입니다. 사건 현장에 세워진 화성시독립운동기념관에서 제암리·고주리 학살 사건뿐 아니라 화성에서 전개된 독립운동의 다양한 기록과 그 흔적들을 확인할 수 있다고 합니다. 선대 독립운동가들의 희생으로 평화의 날을 보내고 있는 우리이기에 한 번쯤 이곳을 방문해 대한민국 임시정부의 당부대로 그날의 광경을 마음에 새겨보면 좋겠습니다.

어린 소녀에게 내려진
법정 최고형

다시 아우내 장터로 돌아가 볼까요? 아우내 장터에서 총검을 휘두르는 일본군을 피해 유관순이 도망칠 수 있었던 건 어쩌면 천운이었는지도 모릅니다. 그러던 어느 날, 종적을 감췄던 유관순이 일본 경찰에 체포됐다는 소식이 들려오기 시작했습니다. 멀리 도피한 줄만 알았던 유관순이 체포된 곳은 용두리 마을이었습니다. 어느 곳보다도 일제의 감시가 심했을 이곳에 유관순은 왜 돌아온 걸까요?

유관순의 후손 유혜경 씨의 증언을 통해 당시 상황을 알 수 있는데요. 유관순의 두 남동생이 아직 그곳에 있었기 때문이라고 합니다. 남동생 유인석은 열네 살, 유관석은 여덟 살밖에 되지 않았어요. 부모님이 사망하고 오빠도 만세운동에 참여했다가 잡혀간 상황이었기에 동생들이 걱정되어 만나러 왔다가 주변을 지키고 있던 일본 경찰에게 체포됐던 겁니다.

일제에 붙잡힌 유관순은 천안의 유치장에 10여 일간 구금됐다가 공주지방법원으로 송치되었습니다. 당시 일제는 독립운동가들을 이송할 때면 포승줄로 포박하고 용수라는 얼굴 가리개를 씌웠는데요. 이는 독립운동가의 얼굴을 알아본 사람들이 동요할까 우려해 얼굴이 노출되지 않도록 한 의도와 더불어 독립운동가에게 공포를 심어 주려는 비열한 의도도 숨어 있었습니다.

유관순은 1919년 5월 9일, 공주지방법원 법정 앞에 서게 됩니다. 온몸이 꽁꽁 묶인 채 용수를 뒤집어쓰고 법정까지 끌려갔을 유관순. 사법권을 장악한 일제의 재판정에 홀로 서게 된 열여섯 살소녀의 심정이 어땠을지 감히 짐작하기도 어렵습니다.

    그렇게 끌려간 유관순이 1심 재판에서 선고받은 형량은 누구도 예상하지 못한, 자그마치 징역 5년 형이었습니다. 어린 소녀에게 징역 5년 형을 내린 건 너무나도 지나친 형벌이었습니다. 기미독립선언서를 작성하고 3·1운동을 주도한 손병희 등 민족대표 33인이 받은 형량도 징역 3년형이었거든요. 그렇기에 유관순의 5년 형은 말이 되지 않는 지나친 형량이었습니다.

    그렇다면 유관순에게 적용된 죄목은 무엇이었을까요? '소요죄 및 보안법 위반, 내란죄에 준하는 혐의'였습니다. 이는 '사람들을 선동해 공공질서를 문란하게 하고 국가의 안전을 위태롭게 한 혐의'로 해석할 수 있습니다.

    "나는 당당한 대한의 국민이다. 대한 사람인 나를 너희가 재판할 권리가 없다!"

    아니나 다를까 유관순은 1심 재판에서 이처럼 당당하게 주장했습니다. 무서우리만치 엄숙한 법정에서도 어린 유관순은 결코 만세운동을 후회하는 기미를 보이지 않았습니다. 자신에게 내려질 불합리한 판결을 두려워하지 않고 일제에 당당히 자신의 목소리를 낸 것이지요. 유관순이 재판정에서 의자를 집어던졌다는 기록이 일본 기록에 남아 있어요. 정확히 언제, 어떻게 일어난 일인지는 알 수 없지만 유관순의 이런 당당한 태도가 징역 5년형이라는 형량을 받는 데 영향을 주지 않았을까 추측하게 됩니다.

    같은 해 6월 30일, 경성복심법원에서 유관순의 2심 재판이 열립니다. 2심에서 어떤 판결이 났을까요?

"피고 유관순을 징역 3년 형에 처한다."

〈경성복심법원 판결문〉

다행히 2심에서는 내란죄가 성립되지 않아 감형되었어요. 하지만 형량이 줄었다고 해도 징역 3년 형은 당시 만세운동자의 형 가운데 최고형이었습니다. 징역 3년 형을 구형받은 후, 유관순은 이렇게 말했다고 합니다.

"삼천리강산 어딜 가도 감옥이나 다름없다."

유관순은 일제의 손아귀에서 벗어나지 않는 한, 일제강점기를 살아가는 것 자체가 옥살이나 마찬가지라고 생각했습니다. 더는 일제의 부당한 재판을 받지 않겠다며 유관순이 3년간의 옥살이를 담담히 받아들인 것이지요.

참혹했던 서대문형무소
8호 감방 수감 생활

최종적으로 징역 3년 형을 선고받은 유관순은 서대문형무소에서 수감 생활을 하게 되었습니다. 감색의 수인복을 입은 유관순이

들어선 곳은 서대문형무소의 여옥사 8호 감방이었습니다. 3평 남 짓한 비좁은 이 감방에서 7~8명의 수감자와 함께 지내야 했지요. 이뿐만이 아니었습니다. 유관순과 수감자들을 내내 괴롭힌 게 있었는데 그것은 바로 변기통이었습니다. 나무 양동이를 하나 두고 용변을 해결해야 했기 때문에 감방 내부는 늘 지독한 악취로 가득했어요. 똥오줌이 가득한 나무 양동이 바로 옆에서 먹고 잔다고 상상해 보세요. 이런 끔찍한 환경 때문에 수감자들이 피부병, 동상, 장티푸스 등 각종 질병에 걸려 옥사하는 일이 빈번했습니다.

　기본적인 의식주조차 해결할 수 없는 냄새나는 감옥에서 하루하루를 버텨내고 있었던 유관순. 11월에는 유관순이 있는 8호 감방이 한 사람의 등장으로 한바탕 떠들썩해집니다. 새로운 수감자로 들어온 사람이 갓난아이였기 때문입니다. 감옥에 갓난아이라니, 이게 대체 어떻게 된 일일까요?

> "10월에 양명이란 여자가 출산으로 출옥하였다가 11월에 다시 입감하였다."
>
> 독립운동가 어윤희의 증언

　여옥사 8호 감방에는 임신한 몸으로 잡혀 들어온 양명이라는 수감자가 있었습니다. 양명이 옥고를 치르다가 출산이 임박해 잠시 감옥 밖으로 나갔다가 한 달 만에 아이와 함께 다시 투옥된 것이었

서울시 서대문구 서대문형무소역사관에 복원된 여옥사 8호 감방

어요. 어른도 견디기 힘든 고된 감옥살이를 갓난아이가 겪게 된 상황! 유관순과 8호 감방의 수감자들은 불평 대신 기꺼이 육아를 돕겠다고 나섰습니다. 형편없는 급식으로 모두가 배고픈 와중에도 너도나도 자신이 먹을 음식을 덜어 영양부족에 시달리는 산모와 아이를 챙겼다고 하지요.

> "어린애가 무슨 일이든지 충직하고 책임감이 강하여 그와 같은 사람을 다시 보지 못했습니다."
>
> 독립운동가 어윤희의 증언

유관순은 엄동설한으로 꽁꽁 언 기저귀를 몸에 감아 차고 자신의 체온으로 말려 주기까지 했다고 전해집니다. 내 한 몸 건사하기도 힘든 상황에서 도움을 주저하지 않은 어린 소녀 유관순의 모습을 생각하니 눈시울이 붉어집니다.

삼옥에 갇혀서도
만세운동을 이끌다

해가 바뀌고 유관순은 서대문형무소에서 수개월의 옥살이를 견뎌내며 어느덧 열일곱 살이 되었습니다. 그러던 어느 날, 8호 감방 안에서 공기마저 서늘하게 만드는 기묘한 긴장감이 맴돌기 시작했어요. 그리고 얼마 지나지 않아 비장한 눈빛을 주고받은 유관순과 수감자들이 두 팔을 높이 치켜들며 목이 터져라 외치기 시작했습니다.

"대한 독립 만세! 대한 독립 만세!"

이들이 이렇게 한마음으로 소리친 이유는 무엇이었을까요? 바로 이날이 1920년 3월 1일! 3·1운동이 일어난 지 딱 1년이 되는 날이었기 때문입니다. 유관순과 8호 감방의 수감자들이 대담하고 용감하게도 감옥 안에서 3·1운동 1주년을 기념하기 위한 만세운동을 펼친 것입니다. 유관순은 '아직 우리의 독립운동이 끝나지 않았

유관순의 수형기록표 유관순의 측면과 정면을 확인할 수 있는 사진이 첨부되어 있다. 서대문형무소 안에서 가해졌을 구타와 고문으로 얼굴이 부어 있는 모습을 확인할 수 있다. 문화재청 제공.

으며 내 나라를 되찾기 위한 독립운동은 당연한 것'이라 말하고 싶었을 겁니다.

그러자 더 놀라운 일이 벌어졌습니다. 여옥사 다른 감방의 수감자들이 하나둘 호응하더니 그 소리가 끊임없이 울려 퍼지기 시작했고, 어느덧 3,000여 명의 수감자가 일제히 '대한 독립 만세'를 외치고 있었습니다.

수감자들이 한마음 한뜻으로 외치는 함성에 당황한 간수들은 어디부터 제재해야 할지 몰라 우왕좌왕했지요. 그 울분 섞인 외침은 서대문형무소 담장을 넘어 밖에 있는 사람들에게도 들릴 정도였다고 합니다.

옥중 만세운동 이후, 예상한 대로 유관순은 곧장 서대문형무소 고문실로 끌려가게 되었습니다. 일본 경찰이 옥중 만세운동의 주동자로 유관순을 지목했기 때문입니다. 일본 경찰은 열일곱 살 소녀가 견딜 수 없는 매질과 가혹한 고문을 이어갔습니다. 도망칠 곳 없는 서대문형무소의 나날은 유관순에게 지옥과도 다름없었을 테지요.

출소를 4개월 앞두고 죽음을 맞이하다

유관순이 옥중 만세운동을 일으킨 지 한 달이 지난 1920년 4월, 조선총독부에서 뜻밖의 소식을 발표했습니다.

> "이번에 특사가 내린 것은 조선 사람을 위하여 대단히 감사할 일이다. (…) 죄인에게 여러 가지로 감동 혹은 방면될 사람도 많을 듯하다."
>
> 〈동아일보〉 1920년 4월 29일

조선인 수감자들을 대상으로 형량을 감형해 주거나 방면해 주는 특사, 즉 특별사면이 내려진 것입니다. 이는 고종의 아들 영친왕과 일본 왕실 간의 결혼을 축하하기 위한 조선총독부의 대대적인 특사령이었습니다. 유관순 역시 징역 3년형에서 1년 6개월형으로 감형되었어요. 이제 유관순은 9개월만 더 버티면 자유의 몸이 될 수 있었습니다.

유관순이 곧 출소할 수 있다는 소식을 들은 이화학당 친구들은 그녀를 위한 예쁜 옷과 머리핀을 준비했습니다. 이전과 같은 씩씩한 모습의 유관순을 다시 만나기만을 하루하루 손꼽아 기다리면서요. 그런데 유관순의 출소가 약 4개월 남은 9월 28일, 청천벽력 같은 소식이 전해졌습니다. 이날 오전에 유관순이 숨을 거두었다는 것입니다.

추정된 유관순의 사망 원인은 어린 소녀의 사인이라고는 믿어지지 않는 장기 손상과 방광 파열이었습니다. 안 그래도 수감 생활로 쇠약해진 몸이 옥중 만세운동 이후 더욱 가혹해진 일제의 고문과 구타를 더는 견뎌내지 못한 것입니다.

꽃다운 나이 열일곱 살에 너무나도 참혹한 마지막을 맞이한 유관순. 마지막까지도 의연하고 용감했던 그녀는 생의 마지막 순간에 이런 말을 남겼다고 합니다.

"내 손톱이 빠져나가고 내 귀와 코가 잘리고 내 손과 다리가 부러

져도 그 고통은 이길 수 있사오나 나라를 잃어버린 그 고통만은 견딜 수가 없습니다. 나라에 바칠 목숨이 오직 하나밖에 없는 것만이 이 소녀의 유일한 슬픔입니다."

유관순의 유언

숨을 거두는 순간에도 독립의 의지를 불태운 것입니다. 그러나 결국 광복이 아니라 끝내 죽음으로 일제의 손아귀에서 벗어나게 된 유관순은 안타깝게도 눈을 감은 후에도 일제의 만행에 시달려야 했습니다. 이화학당의 교장이 유관순의 시신을 돌려 달라고 요구했지만 일제가 비겁하게도 그 요청을 거부했기 때문입니다. 거부한 이유는 뻔했습니다. 자신들이 가한 잔인한 고문이 만천하에 드러날까 봐 두려웠던 것이지요.

이에 분노한 이화학당의 교장이 서대문형무소 측에 강력히 항의했습니다.

"유관순의 시신을 돌려주지 않으면 이 사실을 국제사회에 알릴 것이오."

이에 일제는 마지못해 유관순의 시신을 인도했지만 그 대신 시신이 안장될 곳과 장례 절차는 일제의 뜻에 따라야 한다고 으름장을 놓았습니다. 이 때문에 경성 정동교회에서 진행된 유관순의 장례식에 집안 사람들과 친구들은 참석할 수조차 없었어요. 그리고 그녀의 시신 역시 일제의 뜻대로 이태원 공동묘지에 안장되었다

유관순 열사 초혼묘 충남 천안시 병천면 매봉산 중턱에 만들어진 유관순의 가묘. 유골이 없는 분의 혼백을 모신 묘를 초혼묘라고 한다. 대한민국역사박물관 근현대사아카이브 제공.

는 사실이 우리를 슬프게 합니다.

　이 이태원 공동묘지는 1930년대 중반, 일제의 군용기지로 개발되면서 정리되었는데 이때 유관순의 묘는 무연고 묘로 분류되었습니다. 부모님이 돌아가시고 남은 가족마저 뿔뿔이 흩어져 버렸기 때문이지요. 그렇게 유관순의 묘도 화장된 뒤에 다른 묘들처럼 합장되고 말았습니다. 오늘날 서울시 망우리공원에 조성된 '이태원 묘지 무연분묘 합장비'가 바로 그곳입니다. 유관순의 고향, 충남 천안시에서는 시신 없는 가묘를 세워 그녀의 영혼을 달래고 있다고 하지요.

죽음을 코앞에 둔 최후의 순간에도 대한 독립 만세를 외친 열일곱 살의 유관순! 그녀는 3·1운동의 상징이 되어 지금까지 기억되고 있습니다. 1962년, 대한민국 정부는 어린 나이에도 불구하고 누구보다 강한 투지로 맹렬히 독립운동을 이끈 그녀에게 건국훈장을 추시했습니다. 또 이화여자고등학교는 명예 졸업장을 추서해 유관순의 공헌을 기렸습니다.

아우내 만세운동 주동자로 유관순을 붙잡은 일제는 '미성년자인 점을 감안해 범죄를 인정하고 수사에 협조하면 선처하겠다'며 회유했다고 합니다. 그러나 소녀 유관순은 조금도 동요하지 않고 끝까지 뜻을 굽히지 않았지요. 밝고 명랑했던 어린 소녀가 나라를 지키기 위해 희생을 불사하다 끝내 죽음을 맞이한 과정이 너무도 마음을 아프게 합니다.

앞이 보이지 않는 암흑 같은 상황에서 한 줄기 희망의 빛을 밝혀준 유관순의 영웅적 면모와 이름을 남기지 못한 수많은 평범한 사람들이 우리나라의 독립을 위해 기꺼이 목숨을 바쳤다는 사실을 잊어서는 안 되겠지요. 유관순이라는 이름으로 대표되는 수많은 독립운동가의 희생을 되새기면서 그들의 정신을 이어나가는 게 우리가 마땅히 해야 할 일일 것입니다.

제암리·고주리 학살 사건과 일제의 포악상을 세계에 알린 영국인 선교사 프랭크 스코필드Frank Schofield가 남긴 말을 기억하며 우리의 역할을 다시 한번 생각해보면 좋겠습니다.

"한국인이여, 1919년 당시 젊은이와 늙은이들에게 진 커다란 빚을 잊지 마시오."

3장

벌거벗은 아나키스트

신주백(연세대학교 국학연구원 전문연구원)

일본은 왜
불량 조선인 박열을 두려워했나

1926년 2월 26일, 일본 도쿄의 대심원 법정에 한 조선 남성이 들어섰습니다. 그는 조선 전통 예복을 입고 부채를 든 채 위풍당당하게 서 있었지요. 당시는 일제강점기였으니 이 모습을 본 사람들은 모두 경악해 입을 떡 벌릴 수 밖에 없었습니다. 파격적인 모습으로 등장해 일본 재판정을 농락한 이 남자는 대체 누구일까요? 남자의 정체는 바로 독립운동가 박열입니다.

세간의 주목을 받으며 위풍당당한 모습으로 재판정에 들어선 박열은 이후 이어진 재판에서 사형선고를 받게 됩니다. 그런데 사형이 선고된 바로 그 순간, 박열은 뜻밖의 반응을 보였습니다. 침울해하기는커녕 오히려 기다렸다는 듯이 반기며 기뻐했지요. 어떻게 박열은 죽음이 결정된 순간에도 흔들림 없이 의연한 태도로 기뻐할 수 있던 걸까요? 자기만의 특별한 방법으로 독립운동을 한 이단아 박열의 불꽃같은 인생을 지금 벗겨보겠습니다.

스스로 이름을 바꾼 조선인 꼬마

박열이 어떤 사람인지 알기 위해서는 먼저 그의 이름에 숨겨진 이야기부터 확인해야 합니다. 박열의 원래 이름은 '박준식'으로 그는 1902년 3월 12일에 경상북도 문경의 작은 마을에서 3남 1녀 중 막내로 태어났습니다. 다섯 살 때 아버지를 여의고 홀어머니 밑에서 어렵게 자랐지요. 그렇다면 소년 박준식은 언제, 어떻게 박열이라는 이름을 갖게 됐을까요?

서당에 다니며 한자를 배우던 일고여덟 살 무렵의 박열은 어느 날 대뜸 가족이 모인 자리에서 이렇게 얘기했습니다.

"앞으로 제 이름을 '열烈'이라고 불러 주세요."

그러니까 박열이라는 이름은 놀랍게도 어려서 스스로 지은 이름이었습니다. 매울 열, 세찰 열을 써서 '나는 결심한 것은 꼭 이루고 마는 불같은 성격을 가진 사람이다'라는 의미로 불러 달라고 한 것이었지요.

이름 때문이었을까요? 박열은 실제로 어린 시절부터 성격이 굉장히 불같았다고 합니다. 돈 없는 집 아이를 무시하는 부잣집 아이를 때려 주기도 하고, 잘난 체하며 분위기를 흐리는 아이를 혼내기도 하는 등 불의를 보면 참지 못하는 정의로운 성격이었고 그야말로 보통내기가 아니었습니다.

자기 이름을 스스로 다시 지을 만큼 당돌했던 불꽃 소년 박열이 열 살이 되던 1912년, 그에게 아주 특별한 꿈이 한 가지 생깁니다.

> "조선인은 무조건 일본인을 배척하였지만, 나는 일본인의 생활이
> 비교적 개화되어 있는 것을 보고 일본인이 경영하는 학교에 들어가
> 고 싶어졌다."
>
> 〈신문조서〉 1924년 1월 30일

그 꿈은 일본인이 운영하는 학교에 가는 것이었어요. 한일강제병합 이후 일본인을 왜놈이라 부르며 적대시하는 조선인들이 많았습니다. 그런데 박열은 개화된 일본인의 모습을 보고 일본의 신식 교육을 받을 필요가 있다고 생각한 거예요. 열 살이 한 생각이라고는 믿지 않을 정도로 어릴 때부터 앞서간 생각을 지니고 있던 박열은 곧장 신식 교육을 받기 위해 조선총독부가 운영하는 문경의 함창공립보통학교에 입학했습니다.

박열은 일본인이 경영하는 신식 학교, 즉 서구식 근대학교에 들

어가 새로운 지식을 배우고 싶다는 학구열이 있었고 지적 호기심이 강했습니다. 일본의 신문물을 개화라는 열린 시선으로 바라봤던 것입니다. 실제로 근대식 학교에 가면 수학, 화학, 일본어, 영어, 음악, 미술 등 다양한 서구식 교육을 받을 수 있었습니다. 세상만사에 호기심이 많았던 박열은 근대식 학교에 입학했으니 새로운 학문을 많이 배울 수 있을 거라 기대했지요.

그러나 안타깝게도 이 기대가 와장창 무너져 버리게 됩니다. 박열이 원했던 근대식 교육을 제대로 받을 수 없었기 때문인데요. 같

일제강점기 근대식 학교의 수업 모습 1921년 일제가 식민지 교육의 우월성을 홍보하기 위해 찍은 사진으로 경성고등보통학교에서 이루어진 화학 수업 모습이 담겨 있다. 서울역사아카이브 제공.

은 학교 안에서도 조선인 학생들은 차별을 받았습니다.

'어라? 이게 맞나?'

박열은 평등하다는 건 말뿐이고, 정작 조선인과 일본인을 차별하는 학교의 행태에 속이 부글부글 끓어오르지 않았을까요? 하지만 그는 새로운 학문에 대한 열망을 가슴에 품고 차별을 견디며 학업에 매진할 수밖에 없었습니다.

인생을 바꾼
조선인 선생님의 고백

그렇게 약 4년이 흐른 1916년, 함창공립보통학교 졸업을 앞둔 박열의 인생에 커다란 영향을 미친 사건이 일어납니다. 박열이 믿고 따르던 조선인 선생님이 학생들을 모아놓고 충격적인 말을 던진 것입니다.

> "나를 용서해라. 나는 일본이 조선을 하나로 묶어 다스리는 것이 당연하다고 너희들에게 가르쳤다. (…) 조선은 일본보다 훨씬 더 오랜 역사를 가진 나라다. 조선인으로 태어난 것을 자랑스럽게 여겨라."
>
> 〈신문조서〉 1924년 1월 30일

조선인 선생님이 "일본의 압박이 두려워 나는 조선인 교사로서 부끄러운 행동을 했다. 사실 조선은 위대한 역사를 가진 나라고, 자랑스러운 민족이다!"라고 울면서 진실을 고백한 것입니다. 선생님의 폭탄선언에 박열은 망치로 머리를 맞은 듯 큰 충격을 받고 깨달았습니다.

'조선인과 일본인의 차별 교육이 나만 의아하다고 생각한 게 아니구나.'

강한 나라가 약한 나라를 지배하면서 마음대로 쥐고 흔드는 모습에 비로소 의문을 가지게 되었지요. 부당한 현실과 마주한 열네 살 소년 박열은 이때 조선 제일의 명문 학교로 손꼽히던 경성고등보통학교 사범과에 입학하겠다는 꿈을 꾸게 됩니다. 그러니까 직접 선생님이 되어 조선 학생들에게 올바른 역사를 가르치겠다고 다짐한 것입니다. 함창공립보통학교를 졸업한 박열은 꿈을 이루기 위해 경상북도 문경에서 경성으로 올라가기로 결심했어요.

하지만 당시 경성으로 공부하러 간다는 것은 지금으로 치면 해외 유학길에 오르는 것이나 다름없었습니다. 열네 살밖에 되지 않은 박열에게는 쉽지 않은 여정이었을 뿐 아니라 가정 형편도 어려워서 상급 학교 진학을 꿈꾸기도 쉽지 않은 상황이었지요. 하지만 그는 경상북도 장관, 오늘날로 치면 경상북도지사가 관장하는 관비 유학 제도가 있다는 걸 알게 되어 경성고등보통학교 입학 시험을 준비했고 우수한 성적으로 합격하게 됩니다.

3·1운동의 최전선에서
학생들을 이끌다

후학과 민족을 위한 첫걸음을 내딛고자 경성에 올라온 박열! 그 렇게 3년이 흘러 열일곱 살이 된 1919년 3월, 거리 곳곳에서 이런 소리가 들려왔습니다.

"대한 독립 만세!"

3·1운동이 시작된 것입니다. 종로 탑골공원을 시작으로 경성 도 심 곳곳에 독립을 갈망하는 조선인들의 우렁찬 외침이 울려 퍼졌 습니다. 그런데 만세 시위를 펼치는 군중 속에서 불꽃같은 함성을 지르며 시위를 주도하고 있던 한 청년이 있었어요. 과연 누구였을 까요?

그 청년은 놀랍게도 박열이었습니다. 박열이 만세운동의 선두 에 선 것입니다. 3·1운동 당시, 불꽃 청년 박열에게 주어진 특별한 임무가 있었거든요. 오후 두 시까지 학교의 학생들을 통솔해서 만 세운동이 시작될 종로의 탑골공원으로 이끌고 가는 것이었지요. 이렇듯 경성고등보통학교 학생 박열은 만세운동의 선봉장 역할을 하며 학생들의 독립운동을 이끈 핵심 인물이었습니다.

박열은 학생들을 이끌고 탑골공원으로 향했습니다. 마침내 탑 골공원에 도착한 박열은 목이 갈라지도록 조선의 독립을 큰소리 로 외치고 또 외쳤어요. 그뿐만이 아니었습니다. 행인들의 독립 의지를 북돋기 위해 인사동과 낙원동 일대를 돌며 독립선언서도 배포했습니다.

그런데 만세운동이 시작되고 얼마 지나지 않아 박열이 경성을 떠나야만 하는 일이 생깁니다. 일본 경찰이 만세운동에 참어한 학생들을 체포하기 시작했기 때문입니다. 만세운동의 선봉장으로 활약한 박열 역시 체포 대상이었습니다. 체포당할 위기에 맞닥뜨린 박열! 그러나 다행히 그는 감시망을 숨혀가는 일본 경찰을 피해 무사히 도망치는 데 성공했습니다. 그러고는 고향인 문경으로 내려가 피신해 있었어요.

그런데 이때, 박열을 깜짝 놀라게 하는 소식이 전해졌습니다.

3·1운동에 참여한 어린 소년을 붙잡는 일본 경찰 독립기념관 제공

"나는 3월 1일 소요 사건에서, 혀를 자르고 전기를 통하게 하며, 부인의 음모를 뽑는 등의 고문을 했다는 이야기를 들었다."

<신문조서> 1924년 2월 3일

만세운동으로 체포된 사람들이 끔찍한 고문을 당하고 있다는 소식이었습니다. 박열의 가슴은 다시 한번 분노로 들끓었어요. 조선에서는 독립을 위한 행동을 하기가 어렵다는 사실 또한 깨달았지요. 그래서 이때 그는 자신의 인생을 뒤바꿀 일생일대의 결정을 내립니다.

"조선에서 독립운동을 하다가 한 번 잡히는 날이면 그걸로 마지막이며 다시는 운동을 할 수 없다고 생각하여 이윽고 조선을 떠나기로 결심했다."

<신문조서> 1924년 2월 3일

이게 무슨 의미일까요? 그러니까 '차라리 적진으로 들어가서 적의 심장을 찌르겠다'고 다짐한 거예요. 제대로 독립운동을 하겠다고 마음먹은 박열은 결국 열일곱 살의 나이에 경성고등보통학교를 자퇴하며 선생님이 되겠다는 꿈마저 포기하고 곧장 일본으로 향했습니다.

아나키즘을 주장한
독립운동가의 등장

마침내 10월, 박열은 적의 심장부인 일본 도쿄에 도착했습니다. 그런데 사실 그는 혈혈단신 맨몸으로 일본에 온 상황이었어요. 그런 그의 생활이 과연 평탄할 수 있었을까요? 박열은 조선의 엿을 파는 엿장수, 신문 배달부, 공사상 막노동 일꾼 등 몸으로 할 수 있는 일이라면 닥치는 대로 하면서 생활비를 벌었습니다. 그렇게 일하면서 틈틈이 일제에 저항하며 본격적인 독립운동에 대한 의지를 다졌지요.

그렇게 2년이 흘러 박열은 어느덧 스무 살을 앞두고 있었습니다. 그리고 이때 한 단체를 조직했습니다. 검을 흑黑, 물결 도濤, 모일 회會를 쓴 '흑도회黑濤會'였어요. 여기서 '흑' 그러니까 검은색은 아나키즘Anarchism을 주장하는 아나키스트Anarchist를 상징하는 색입니다. 아나키스트라는 말을 들어본 적 있나요? 아나키스트는 개인을 지배하는 국가권력은 물론이고 유효하지 않은 모든 사회 권력을 부정하는 사람을 말합니다. 일본으로 간 박열이 제도화된 권력을 부정하고 절대적 자유를 주장하는 비밀 단체를 조직한 것입니다. 그가 이런 단체를 만든 이유는 대체 무엇이었을까요?

"나는 방법이 정당하지 않더라도 (…) 일본의 권력자 계급뿐 아니라 우주 만물까지도 멸망시키고자 생각했던 것이다."

〈신문조서〉 1924년 2월 3일

이미 박열은 학창 시절부터 조선인과 일본인의 차별을 경험하며 이러한 차별이 얼마나 큰 문제인지를 깨달았습니다. 그래서 권력과 권위, 사회계약 등 개인의 자유를 방해하는 세력이라고 하면 그것이 무엇이든 간에 용납할 수 없었지요.

'모든 인간은 평등하다. 우리를 차별하고 가로막는 일본의 권력자를 없애야 한다!'

평등을 위해서는 폭력까지 불사하겠다는 강력한 의지였지요. 여기서 한 가지 놀라운 사실은 이 흑도회의 사상에 동조하는 일본인도 있었으며 박열에게 아나키즘을 전파한 사람도 일본인이었다는 것입니다.

박열은 일본의 권력자를 죽이겠다고 마음먹었지만 당장 무력으로 저항하기는 어려운 상황이었기 때문에 흑도회의 뜻을 표출하기 위해 곧바로 할 수 있는 일부터 시작했습니다. '모든 인간은 평등하다'라는 사상을 글로 써서 사람들에게 전파

1921년 11월 21일 결성된 흑도회가 발간한 기관지 《흑도》 박열의사기념관 제공

했지요. 자신이 만든 단체 흑도회의 이름을 따서 《흑도》라는 잡지를 발행했고 각종 잡지에 글을 기고했습니다.

글로 일본의 사회제도를 비판했고, 또 조선을 식민 통치하는 일제의 잔혹함을 널리 알렸습니다. 이맘때쯤 박열이 쓴 유명한 글이 있습니다.

개새끼

나는 개새끼로소이다
하늘을 보고 짖는 달을 보고 짖는
보잘것없는 나는
개새끼로소이다

높은 양반의 가랑이에서
뜨거운 것이 쏟아져
내가 목욕을 할 때
나도 그의 다리에다
뜨거운 줄기를 뿜어대는
나는 개새끼로소이다

《조선청년》, 〈개새끼〉

'개새끼'라는 제목부터 공격적인 이 시에 쓴 개새끼는 한 대상을 지칭한 것이었습니다. 그 대상은 당연히 일본일 것이라 예상한 분들이 많을 텐데요. 놀랍게도 개새끼라고 가리킨 대상은 일본도, 다른 누군가도 아닌 자기 자신이었습니다. 한마디로 일제 권력이 자신을 짓밟을 때마다 똑같이 되갚아 주며 끝까지 저항하겠다는 뜻이었어요.

박열은 일본의 권력자 계급을 죽이겠다는 목표도 잊지 않고, 본격적으로 거사를 준비했습니다. 이때 박열이 거사를 위해 은밀하게 접촉한 이들이 있었으니, 바로 항일 비밀 결사 단체 의열단^{義烈團}이었습니다. 이 당시 의열단은 각종 무력 투쟁을 통해 일제에 꾸준히 저항해 오고 있었어요. 조선의 토지와 자원을 수탈하는 동양척식주식회사에 폭탄을 던진 나석주, 그리고 널리 알려진 저항시인 이육사도 의열단의 단원이었습니다.

그렇다면 박열은 왜 의열단과 접촉한 걸까요? 그는 의열단과 협력해 일본으로 폭탄을 들여오려고 했습니다. 그러나 일본 경찰의 감시가 너무 심해 번번이 실패하고 말았습니다. 항일운동 의지가 불꽃같이 뜨거웠던 박열, 폭탄 반입에 실패했다고 과연 좌절했을까요? 당연히 그러지 않았지요. 의열단을 포함해 조선의 독립을 위해 싸우는 독립운동가들과 계속 교류하며 그 의지를 꺼뜨리지 않고 다져나가고 있었습니다.

의열단 3·1운동 이후 결성된 항일 비밀 결사 단체. 과감하고 적극적인 무력 독립 투쟁을 목적으로 했다. 1920년 부산경찰서 폭파, 1921년 조선총독부 청사 폭파 등 연쇄적으로 일제 식민 통치 기관을 공격하는 데 성공했다. 사진은 일제가 단원의 신원을 확보하지 못하도록 일부러 흔들리게 찍었다는 설이 있다. 독립기념관 제공.

조선의 독립을 지지한
일본인 가네코 후미코

독립운동을 향한 열망을 가슴 한편에 품고 지내던 박열이 스무 살이 된 1922년 2월, 그의 인생을 송두리째 뒤바꿀 운명적인 상대가 나타납니다.

어느 날, 도쿄의 한 어묵 가게에 박열이 모습을 드러냈습니다.

그런데 한 사람이 내내 박열을 예의주시하는 게 아니겠어요. 어묵 가게에서 일하던 종업원, 가네코 후미코金子文子라는 여인이었습니다. 그녀는 대체 왜 가게를 찾아온 박열을 계속해서 쳐다본 걸까요? 박열에게 첫눈에 반했기 때문이었습니다. 박열보다 한 살 어렸던 열아홉 살의 후미코는 이미 박열을 알고 있었습니다. 그녀는 일본인이었지만 조선인의 독립 의지에 동감하고 지지하면서 조선의 독립운동가들과도 교류하며 지내고 있었어요. 그 과정에서 박열이라는 비범한 인물이 있다는 사실을 알게 되었지요.

그런데 참 이상합니다. 후미코는 일본인인데 어쩌다 독립운동을 하는 조선인들에게 관심을 가졌을까요? 후미코가 조선에서 살았던 경험이 있었기 때문인데요. 일본에서 태어난 그녀는 일본인 부모에게 양육을 거부당하고 출생신고도 이뤄지지 않아 호적에도 이름을 올리지 못해 무적자로 사는 등 불행한 어린 시절을 보냈습니다. 그렇게 친척 집을 전전하다가 1912년에 조선으로 건너오게 되었지요. 충북 청원에 살고 있었던 고모의 집에 얹혀살아야 했거든요. 이 집에서 온갖 허드렛일을 하면서 지내던 그때, 3·1운동이 일어났습니다. 조선에 있던 후미코는 조선인이 하나가 돼서 일본에 저항하는 모습을 목격했고 그 뒤로 조선의 독립운동가들을 주목해 오고 있었어요.

후미코가 박열에게 반한 이유는 또 있었습니다. 박열을 직접 만나기도 전에 우연히 그의 시 〈개새끼〉를 읽고 크게 감명받았기 때문입니다. 그러고는 생각했지요.

'잡혀갈지도 모르는 위험한 상황에서 이렇게 강렬한 시를 쓰다니! 이 남자라면 믿을 수 있겠어. 함께 큰일을 도모할 수 있지 않을까?'

"만일 조선에 박열과 같은 열렬한 투사가 30명만 있다면 조선 독립은 당장 이룰 뿐 아니라 조선 민족은 정말로 전 세계를 제패할 수 있을 것이다."

가네코 후미코의 증언

후미코가 박열을 얼마나 신뢰하고 존경했는지 알 수 있는 말입니다. 이뿐만 아니라 그녀가 박열에게 동조할 수밖에 없었던 이유가 또 있어요. 후미코는 박열과 같은 아나키스트기도 했습니다.

후미코의 마음을 콩닥콩닥 설레게 한 박열! 하지만 그날 이후 박열은 두 달 가까이 어묵 가게에 나타나지 않았습니다. 후미코는 가만히 있지 않고 박열이 가는 곳을 수소문해 직접 찾아다녔어요. 포기하지 않고 노력한 끝에 겨우 박열을 찾아 만나게 된 후미코! 그녀는 그 자리에서 사랑을 고백했습니다. 박열은 과연 어떤 반응을 보였을까요? 후미코의 고백을 받아 주었고 같은 아나키스트로서 자신의 사상에 적극적으로 공감하는 후미코에게 동지애를 느끼며 깊이 빠져들었습니다.

박열과 후미코가 연인이 되고
얼마 지나지 않은 1922년 5월에
두 사람은 도쿄에 작은 셋방을 얻
어 동거 생활을 시작했어요. 후미
코는 동거를 시작하며 이름도 한
국식 이름으로 바꿨습니다. 가네
코 후미코를 한국식 이름으로 바
꾸면 '금자문자金子文子'가 되는데
요. 후미코는 여기에 박열의 성
을 따라 '박문자'로 자신을 불러

박열(좌)과 가네코 후미코(우) 박열의사기념관
제공

달라고 했어요. 두 사람의 동거는 연인 관계의 시작이기도 했지만,
항일운동을 함께할 동지로서 관계를 맺는 일이기도 했습니다.

불꽃같은 항일운동으로
일본 경찰의 표적이 되다

그러던 어느 날, 박열이 갑작스레 경찰서에 잡혀가고 마는 일이
벌어집니다. 대체 어떻게 된 일일까요? 박열이 일본 내에서 조선
민족의 얼굴을 더럽히는 친일파와 독립자금을 횡령하는 부정행위
를 저지른 자들을 직접 처단하고 다녔기 때문이었습니다. 이로 인

해 일본 경찰에 폭행죄로 체포되고 만 것이었지요. 체포된 박열은 어떻게 했을까요? 역시나 가만히 있지 않았어요. 화를 삭이지 않고 난동을 부렸지요. 이 모습을 본 일본 경찰들이 혀를 내두를 정도였습니다.

그런데 일본 경찰들이 크게 당황한 건 이번이 처음이 아니었습니다. 폭행 사건이 있기 전, 박열이 한 시위대의 최전선에 선 적이 있습니다. 당시 많은 조선인이 일본에 탄광 노동자로 끌려와 일했는데요. 한 탄광에서 조선인 100여 명이 혹독한 노동과 가혹한 폭행으로 사망하는 사건이 발생했고, 이 사실을 알게 된 박열이 불의를 참지 못하고 나서서 행동한 것이었습니다.

"살인사건을 제대로 조사하시오!"

적극적으로 나서서 투쟁하는 박열의 모습을 목격한 일본 경찰들은 이때 이미 '박열을 가만히 지켜볼 수만은 없다' 생각했을 것입니다. 아니나 다를까 이후 박열은 일본 경찰의 극심한 감시를 받게 됩니다.

일본 경찰의 본격적인 표적이 됐으나 박열은 멈추지 않았습니다. 오히려 보란 듯이 계속해서 항일운동을 이어갔지요. 그러다가 그는 마침내 엄청난 기회를 포착했습니다. 그것은 바로 1년여 뒤인 1923년 9월에 일본 천황의 아들 황태자 히로히토가 결혼식을 올린다는 소식이었어요.

'바로 이거다!'

박열은 이 소식을 듣자마자 히로히토의 결혼식장에 폭탄을 던져야겠다고 생각했습니다. 일본의 권력자 계급을 멸망시키겠다는 계획을 실행할 절호의 기회였으니까요. 자신의 계획을 연인이자 동지인 후미코에게도 털어놓았습니다. 그러고는 히로히토 암살을 준비하기 시작합니다.

그런데 여기서 한 가지 의문이 생깁니다. 왜 박열은 천황이 아닌 황태자를 노렸을까요? 당시 천황은 나이가 많아서 병을 앓느라 거의 외출하지 못했기 때문이기도 하지만, 그보다 결혼식이 갖는 의미가 컸습니다. 황태자의 결혼식은 일본 정부의 국가적인 행사였기 때문에 많은 외교관이 모일 뿐 아니라 세계적으로 주목도 또한 높을 것이었습니다. 그렇기에 이 행사를 놓치면 안 된다고 판단한 것이지요.

그런데 히로히토를 암살하려는 박열의 계획에 제동을 거는 일이 일어납니다. 1923년 1월, 경성에서 종로경찰서를 노린 김상옥의 폭탄 투척 사건이 일어나며 일본까지 폭탄을 들여오기가 더욱 힘들어진 것입니다. 상해와 일본에서 활동하던 독립운동가들에 대한 감시도 심해졌습니다. 위기 상황에 봉착한 박열! 계획을 포기했을까요? 그는 이번에도 포기하지 않고 의열단원들을 포함해 항일운동을 하는 조선인들에게 부탁해 계속해서 폭탄 반입을 시도했습니다. 이처럼 어려운 상황에서도 박열의 의지는 꺼질 줄 몰랐습니다.

관동대지진 후
학살의 표적이 된 조선인

하지만 일본 권력의 핵심을 노리던 박열의 계획은 실행에 옮기
지도 못하고 예상치 못한 일로 산산조각 나고 맙니다. 1923년 9월
1일 오전, 도쿄와 그 인근 지역에 어마어마한 굉음이 울려 퍼졌고
곧이어 강한 진동과 함께 바닥이 갈라지고 건물이 무너지면서 거
리가 초토화되고 말았습니다. 일본 역사상 최악의 대재앙으로 불
리는 관동대지진이 일어난 것입니다. 지진이 일어나고 약 두 시간
이 지난 오후 두 시경 일본 전역에는 계엄령이 선포되었습니다. 그
런데 일본 관동 지역의 경찰서에 금세 이런 소문이 들리기 시작했
어요.

"조선인이 폭도暴徒가 되어 방화放火를 하고 있다."

〈아사히신문〉

조선인이 폭동을 일으키고 불을 지르고 있다는 가짜뉴스가 퍼
진 것입니다. 또 '조선인이 도쿄시의 전멸을 기도하며 폭탄을 투척
하고 독약을 사용해 살해를 기도하고 있다'라는 소문까지 퍼지기
시작했습니다. 이런 소문이 퍼지고 얼마 지나지 않아 일본 경찰청
에서는 각지의 경찰서에 이런 전문을 보냈습니다.

"재향군인회원, 소방수, 청년단원 등과 협력해서 조선인들을 경계하고 일단 유사시에는 신속히 적당한 방법을 강구할 것."

사이타마현 지방과장이 각 군에 보낸 문서

이 말은 곧 의심 가는 조선인을 만나면 죽여도 된다는 의미로도 받아들일 수 있었습니다. 대체 왜 관동대지진 이후 조선인이 무차별 학살의 표적이 된 걸까요? 당시 일본에는 조선인을 멸시하는 분위기가 팽배했습니다. 이런 분위기 속에서 제1차 세계대전이 끝나자 전쟁에 필요한 군수품 수요인 전쟁특수가 사라졌고 일본 경제는 불황에 빠졌지요. 경제 불황으로 가뜩이나 불만이 커지던 상황에 대지진까지 일어나자 일본인들은 더욱 화가 났습니다.

국가 내부에서 불거진 불만을 잠재우기 위해 일본 정부가 선택한 방법이 무엇이었겠습니까? 일본 국민의 분노가 정부를 향하면 정권이 무너질 수도 있다고 여겨 일본에 거주하는 조선인을 자연재해의 책임을 돌릴 표적으로 삼은 것이었어요. 또 이런 야비한 전략은 눈엣가시였던 항일운동가들을 잡아들일 명분도 되니 일본 정부 입장에서 일석이조 효과를 기대하기에 충분했습니다.

일본 정부의 행동령에 힘입어 누구보다 발 빠르게 움직인 이들이 있었습니다. 일본의 자경단이었지요. 자경단은 치안 유지를 위해 모인 민간단체를 표방했으나 말이 치안 유지였지, 일본에 거주하는 조선인에게는 죽창과 몽둥이를 들고 다니며 조선인을 위협하는 일종의 폭력 단체나 마찬가지였습니다. 자경단은 도시를 배회하다가 조선인이라고 생각되는 사람과 눈이 딱 마주치면 일단 붙잡았고 이렇게 말했습니다.

"쥬고엔じゅうごえん, 고쥬센ごじっせん."

쥬고엔은 15원, 고쥬센은 50전을 뜻하는 일본어로 이 두 개의 단어는 일본어 특유의 장음과 탁음을 살려 발음해야 해서 조선인들이 발음하기에는 어려웠습니다. 자경단이 만난 조선인이 만약 이 단어들을 제대로 발음하지 못하면? 즉결처분, 그 자리에서 곧바로 죽여 버렸습니다. 자경단은 이렇게 말과 복장 등으로 조선인을 식별한 뒤에 끔찍한 살인을 저질렀어요. 거리 곳곳에 자경단에

죽창과 총, 개로 무장한 자경단 동농재단 강상덕자료센터 소장

의해 학살당한 조선인들의 시신이 널려 있었습니다. 심지어 여러 조선인을 줄로 묶어 강물에 빠뜨려 한 번에 죽이기도 했고 만삭의 임산부를 살해하기까지 했습니다.

〈독립신문〉 보도에 따르면 자경단에 의해 끔찍하게 살해된 조선인은 확인된 사망자 수만 6,661명에 이릅니다. 그러나 실상은 더 참혹했습니다. 관동대지진 이후 조선인 학살을 목격한 한 외국인의 증언에 따르면 조선인 피해자 수가 1만 5,000여 명이었을 것으로 추정합니다. 정확히 얼마만큼의 조선인이 학살당했는지조차 가늠하기 어려울 정도로 그 수가 많았다는 것이지요.

황태자 암살 계획을 스스로 밝히다

관동대지진이 일어나고 이틀 뒤, 갑자기 들이닥친 일본 경찰에게 박열이 체포되고 맙니다. 갑자기 체포라니, 도대체 무슨 이유에서였을까요? 이때 일제가 박열을 체포하기 위해 내세운 이유가 황당합니다.

"일정한 주거 혹은 생산 없이 각지를 배회하는 자이므로 체포한다!"

그러니까 본인 소유의 집이 없고, 제대로 된 직장이 없다는 이유를 갖다 붙여 체포한다는 것이었습니다. 그렇게 박열은 갑작스레 일본 도쿄의 한 경찰서에 갇히게 되었고, 박열과 동거하고 있던 후미코도 박열과 함께 체포되고 말았어요. 그런데 박열과 후미코가 체포되고 얼마 지나지 않아 일본 신문에서 충격적인 보도가 흘러나왔습니다.

"수도(도쿄)에서 대관 암살을 기도한 불령선인의 비밀결사 대검거."

〈아사히신문〉

도쿄에서 대관, 그러니까 천황의 아들 히로히토를 암살하려 한 불량한 조선인 비밀결사를 검거했다는 소식이었습니다. 신문에 보도된 이 암살 시도의 주인공이 바로 박열이었어요. 그런데 참 이상합니다. 박열이 황태자를 죽이려는 마음을 먹긴 했으나 제대로 준비하지 못한 것을 알고 있지요? 더구나 박열이 황태자 결혼식에 폭탄을 던지려고 했다는 계획을 아는 사람은 단 한 사람, 후미코뿐이었습니다. 일본 경찰은 대체 어떻게 박열이 황태자를 암살하려 한 사실을 알게 된 걸까요?

일본 경찰에 의해 갑자기 체포되었던 박열이 계속된 심문에도 꼼짝하지 않다가 갑자기 자백했기 때문입니다.

"내가 황태자 결혼식에 폭탄을 던지려 했소!"

보통 이런 상황이라면 암살을 시도하지 못했으니 억울하다며 항변하는 게 당연합니다. 그러나 승부사 박열은 일제와의 정면 승부를 선택했어요. 죄도 없이 체포되었고 어차피 형무소에 있으면 억울한 누명까지 뒤집어쓰고 죽을 수도 있겠다는 생각이 들었던 듯합니다. 누명이 씌워질 바에는 상황을 역이용해 항일운동에 적극 활용해야겠다고 결심했겠지요.

이로써 그는 이제 단순한 범죄자가 아니게 되었습니다. 일본의

박열을 체포했다는 소식이 실린 〈아사히신문〉 기사

근본을 전복시키려 한 대역죄인 신분이 되고 말았지요. 게다가 이 때는 관동대지진 이후 조선인에 대한 인식이 최악 중에서도 최악일 때였습니다. 이런 상황에서 신이나 다름없는 일본 황태자를 죽이려 했다니, 그야말로 볏짚을 지고 불구덩이 속으로 뛰어드는 격이었습니다. 박열의 폭탄선언 이후, 기나긴 조사가 스무 달 동안이나 이어졌어요. 함께 체포된 가네코 후미코도 박열처럼 당당히 자백했습니다.

"박열과 함께 일본의 황태자를 암살하려 했다!"

이렇게 해서 두 사람은 함께 재판을 받게 됩니다.

기꺼이 불량한 조선인이 되겠다!
당당히 내건 조건

목숨을 지키는 대신 일제의 만행을 고발하는 길을 택한 박열과 가네코 후미코! 박열은 자신의 일생이 걸린 재판을 앞두고, 재판관에게 네 가지 조건을 내걸었습니다.

> 첫째, 법정에서 조선의 예복을 입겠다.
> 둘째, 법정에 서는 취지를 내가 선언하겠다.
> 셋째, 조선어를 쓸 테니 통역관을 준비해 달라.
> 넷째, 재판관이 앉는 자리와 눈높이를 같게 해 달라.
>
> 박열의 재판 요구 조건

박열은 왜 가장 먼저 조선 예복을 입겠다고 주장했을까요? 그의 근거는 놀랍고도 대범했습니다.

"재판관은 천황을 대표해 법정에 나올 때 법관복을 입지 않는가? 나는 조선을 대표해 법정에 서는 것이니 조선의 옷을 입겠소."

이어서 내건 두 번째 조건의 근거도 굉장히 당돌했습니다.

"나는 조선을 강탈한 일본의 행위를 규탄하기 위해 조선 민족을 대표해 법정에 서는 것이오. 그러니 그 취지를 내 입으로 이야기하게 해 주시오."

세 번째 요구 조건은 일본어가 아닌 조선말로 자신을 변호하겠다는 것이었는데요. 심지어 죄인 신분임에도 불구하고 당당하게 통역을 준비해 달라고 요구했습니다. 또 재판관이 앉는 자리와 눈높이를 같게 해 달라는 네 번째 조건도 의미심장합니다. 보통은 재판관이 높은 상석에 앉아 있고, 피고인은 단 아래에 있습니다. 박열은 이 모습을 두고 볼 수 없었어요. 자신은 죄인 신분이 아니며 조선을 대표해 법정에 서는 것이니 일본을 대표하는 재판관과 동등한 입장에서 잘잘못을 가리자고 말한 것이지요. 일본이 나를 낮잡아 볼 자격이 없다는 말과도 같았습니다.

박열은 재판을 통해 형량을 줄여 보거나 누명을 벗고 진실을 밝히겠다는 생각은 전혀 하지 않았습니다. 무슨 일이 있어도 자신의 소신과 뜻을 굽히지 않기로 결심했지요. 비록 죽는 한이 있더라도 재판 과정에서 일제에 굴하지 않고 끝까지 강력하게 저항하겠다는 의지를 네 가지 요구 조건을 통해 보여 주었습니다.

그렇다면 일본 재판정에서는 이 네 가지 파격적인 요구 조건을 들어줬을까요? 일본 재판관은 고심 끝에 네 가지 요구 조건 중 첫 번째와 두 번째 조건만 들어주기로 결정했습니다. 일본에는 수치

일 수 있는 요구를 두 가지나 들어주다니, 왜 이런 뜻밖의 결정을 한 걸까요? 관동대지진 이후 일어난 조선인 대학살 사건이 국제사회에 알려지면서 일본도 난처한 상황이었거든요. 그래서 박열의 재판을 통해 '우리는 폭탄 테러를 계획하는 조선인에게도 이렇게 합리적이고 민주적으로 재판하는 문명국가'임을 국제사회에 피력하려 했습니다. 불순한 의도가 담긴 결정이었던 것이지요.

사형선고를 앞두고 올린
옥중 결혼식, 그리고 영원한 이별

재판을 앞둔 박열과 후미코는 어떤 심정이었을까요? '황태자 폭탄 테러 기도 사건'이라는 대역죄로 재판을 받는 상황이었고 곧 사형선고를 받을 것이라는 걸 두 사람도 모르지 않았습니다. 그러나 둘은 전혀 주눅 들지 않았지요. 심지어는 대심원 재판을 네 달 앞둔 1925년 5월에 박열이 다시 담당 판사에게 두 눈이 휘둥그레질 요청을 합니다.

"나는 사형을 각오하고 있으니, 고향에 계신 어머니에게 보낼 사진을 찍게 해 주시오."

가네코 후미코와 사진을 찍게 해 달라고 요청한 거예요. 당시에는 연인이든 부부든 함께 기념사진을 찍을 때 취하는 정해진 포즈가 있었습니다. 보통 여자는 의자에 앉고 남자는 그 옆에 똑바로 서서 사진을 찍었어요.

그런데 두 사람은 이 사진 역시 평범하게 찍지 않았습니다. 두 사람의 포즈가 어땠을지 궁금하지 않나요? 의자에 비스듬히 기대앉아 책상에 팔을 척 올린 박열과 그런 박열의 몸에 다정하게 기대서 책을 읽는 후미코! 둘의 포즈는 그야말로 파격 그 자체였습니다. 더구나 사형 선고를 앞둔 이들이 재판 도중 찍은 사진이었다는 걸 생각하면 더욱 놀라운 모습이지요.

조사실에서 사진을 찍은 박열과 가네코 후미코 박열의사기념관 제공

그렇게 시간이 흘러 박열과 후미코의 최후 공판이 가까워진 그해 12월, 두 사람은 또 한 번 많은 이들이 깜짝 놀랄 일을 벌입니다. 지금도 상상하기 힘든 '옥중 결혼식'을 올린 것입니다. 그런데 이 옥중 결혼식을 제안한 사람은 뜻밖에도 두 사람의 예심을 맡은 일본인 판사였습니다. 옥중 결혼식을 올린 두 사람은 약 3개월 뒤, 변호사를 통해 혼인 신고서를 제출하며 정식 부부가 될 수 있었지요. 일본이 이렇게까지 박열을 파격적으로 대우해 준 이유는 대체

무엇이었을까요?

이런 대우는 박열이 황태자 암살 계획을 다시 순순히 자백하게 하기 위한 방책이었습니다. 황태자를 암살하려 했다는 이유로 박열 부부를 재판정에 세웠지만 아무런 물증도, 정황 증거도 없었으니까요. 일본이 박열과 후미코의 대역죄를 확정할 수 있는 가장 확실한 방법은 오직 자백뿐이었습니다. 그뿐 아니라 일본이 보기에 불량하고 삐딱한 행동을 일삼는 박열을 잘 회유해서 그가 혹여나 일본 제국주의와 천황을 부정했던 마음을 거두면 그 변심을 선전하는 데 이용하려는 계획도 있었습니다.

박열과 후미코가 옥중 결혼식을 올리고 약 두 달이 지난 1926년 2월 26일, 두 사람의 재판을 보기 위해 수많은 인파가 모여들었습니다. 재판이 시작되자 박열의 눈빛은 성난 호랑이처럼 돌변했어요. 불꽃 청년 박열은 이날 재판정 안에 있던 사람들이 귀를 의심할 만한 말을 거침없이 내던졌습니다.

"천황이란 자는 강도단의 두목이다!"

이 말을 들은 재판관은 다급하게 재판을 중지시키고 방청을 온 이들을 모두 내보냈습니다. 이후 두 사람의 재판은 비공개로 바뀌어 몇 차례에 걸쳐 이어졌지요. 박열은 계속해서 목소리를 높였습니다.

"당신들 스스로 문명국이라 하지 않는가. 학살에 가담한 군인과 자경단의 자백을 받아내라! 조선인 유골이 묻힌 곳을 발굴하라. 유골이 드러나지 않는다면 내가 광인임이 틀림없다!"

한바탕 소동 같던 재판이 끝나고 한 달이 지나 드디어 두 사람의 마지막 판결을 앞둔 재판이 열렸습니다. 재판 당일, 하얀 옷을 입은 박열은 굉장히 평온해 보였습니다. 그렇다면 박열과 가네코 후미코 두 사람의 재판 결과는 어땠을까요?

"피고 박열과 가네코 후미코에게 사형을 선고한다."

평온한 표정으로 나란히 앉아 있던 두 사람은 예상대로 사형을 구형받았습니다.

> "내가 뿌린 씨앗은 후세에 남아 딱딱한 지각을 깨고 싹을 틔워 꽃을 피우고 종국에는 열매를 맺게 될 것이다. 나는 승리자다. 나는 영원한 승리자다!"
>
> 박열, 〈강자의 선언〉

박열은 사형선고를 받고 결국 자신이 이겼다며 오히려 기뻐했습니다. 육체는 죽어 사라질지라도 영원한 승리자가 되어 이름을 남길 수 있으니 그것으로 충분하다고 했지요. 후미코도 마찬가지였습니다.

"박열과 함께라면 죽음도 두렵지 않다. 우리들의 죽은 백골이라도 같이 묻어 주기를 바란다!"

그녀는 죽음도 불사하겠다는 의지를 내보이며 끝까지 남편 박열과 함께하기를 원했어요.

하지만 박열과 가네코 후미코가 사형을 선고받고 얼마 지나지 않은 어느 날, 두 사람은 형무소장에게 생각지도 못한 문서를 받게 됩니다. 문서에는 '천황의 이름으로 사형수 박열과 가네코 후미코를 무기징역으로 감형한다'라는 내용이 적혀 있었지요.

그리고 얼마 후, 일본 신문에 두 사람의 소식이 보도됩니다.

"(무기징역으로 감형되자) 웃음을 띤 얼굴로 경의를 표하며 머리를 조아렸다. (가네코) 후미코의 눈은 눈물로 빛났다."

〈아사히신문〉

재판정에서 서로 바라보고 있는 박열과 가네코 후미코

대체 이게 무슨 말입니까? 사형 판결을 받는 순간까지도 당당한 태도로 일관하던 박열과 가네코 후미코가 갑자기 천황에게 경의를 표하고 머리를 조아렸다니 믿을 수가 없습니다. 아니나 다를까 이 기사는 사실과 달랐습니다. 무기징역으로 감형됐다는 문서를 전달받고 차오르는 분노를 참지 못한 후미코는 그 자리에서 천황의 이름이 담긴 문서를 갈기갈기 찢어 버렸습니다.

일본 재판부는 끝까지 당당함을 잃지 않은 박열 부부에게 쏠린 사람들의 관심을 의식해 두 사람의 형을 감형해 주면서 일본 제국과 천황의 이미지를 관리하려 한 것입니다. 거짓 선전을 통해 일본 제국의 위신을 세우려는 의도였지요. 또 박열 부부가 사형당하면 역사적인 영웅이 될 수 있다고 생각해 그 가능성을 아예 차단해 버린 것이었습니다.

결국 무기징역으로 감형된 두 사람은 각각 다른 형무소로 이송되었습니다. 이대로 헤어지면 다시는 보지 못할 거란 생각에 박열 부부는 헤어지는 마지막 순간까지 애틋한 마음을 감출 수 없었다고 해요. 그런데 부부가 헤어지고 약 3개월이 지난 1926년 7월, 박열은 청천벽력 같은 소식을 듣게 됩니다.

"'대역범' 박열의 애인 복역 중 옥중에서 자살."

〈동아일보〉 1926년 7월 31일

박열의 아내 후미코가 형무소 안에서 스스로 목숨을 끊었다는 소식이었습니다. 믿었던 동지이자 아내였던 후미코가 자살했다는 소식을 전해 들은 박열은 미심쩍은 점이 너무도 많았지만, 진실을 확인할 방법은 없었습니다.

박열은 분노와 슬픔에 사로잡혀 식음을 전폐합니다. 일제가 이 모습을 가만히 두고 봤을까요? 형무소의 간수는 박열에게 억지로 음식을 먹였습니다. 박열은 사형을 감형받은 그날처럼 강제로 살아갈 수밖에 없었겠지요. 그는 형무소 안에서 일본 정부의 끊임없

가네코 후미코의 묘 가네코 후미코 사망 후 박열의 가족들이 시신을 찾아 박열의 고향에 묻고 제사를 지내 주었다고 전해진다. 현재 경북 문경시 박열의사기념관 공원 안에 위치한다. 박열의사기념관 제공.

는 협박과 회유를 견디며 일본이 패망할 때까지 전향하지 않고 지옥 같은 하루하루를 살아내야만 했습니다.

22년 만에 출옥해 마주한 조선인들의 환영

시간이 흘러 1945년 10월 27일, 홋카이도 변방의 아키타 형무소 밖으로 한 남자가 모습을 드러냈습니다. 그 남자는 박열이었습니다. 박열이 형무소에 갇혀 보내야만 했던 시간은 무려 22년. 광복 직후에 많은 독립운동가가 풀려났지만, 일제는 대역죄인이라는 이유로 박열을 쉽게 석방해 주지 않았습니다. 하지만 두 달여 간 많은 사람의 끊임없는 청원으로 박열도 겨우 풀려날 수 있었어요. 구속 당시 스물한 살이었던 앳된 청년은 어느덧 마흔네 살의 중년이 되어서야 형무소를 벗어날 수 있었습니다.

바로 그때! 형무소를 나온 박열의 눈앞에 믿을 수 없는 광경이 펼쳐졌습니다. 22년 만에 출옥하는 박열을 맞이하기 위해 형무소 근처의 아키타 역 광장에 무려 1만 5,000여 명의 사람들이 모여 있던 것입니다. 자신의 재판을 일본의 식민 지배의 부당성을 알리는 기회로 삼고자 한 박열의 이야기는 조선인들에게 널리 알려져 있었어요. 옥중에서도 끝까지 신념과 사상을 바꾸지 않은 박열에게

박열 출옥 환영 인파 오오다테역 광장에서 열린 박열 출옥 환영대회에 무려 1만 5,000여 명의 사람들이 군집했다. 독립기념관 제공.

감동한 조선인들이 그가 나오기만을 기다리고 있었던 것이지요. 아무런 희망이 없어 보이는 나날을 강한 항일 의지로 견뎌낸 그는 그제야 '잘 버티고 살아왔구나' 생각하지 않았을까요?

1930년대에는 일본공산당의 최고 지도자들마저 수감된 후에 변절하는 경우가 많았습니다. 박열 역시 일제의 입맛에 맞는 말 한두 마디를 하거나 조금만 협조했어도 더 빨리 출옥할 수 있었을 것입니다. 그렇기에 그가 일제의 핍박에 굴하지 않고 신념을 유지하며 존재감을 유지했다는 사실이 더욱 가치가 있습니다. 이런 그의 불꽃같은 삶이 알려지며 많은 사람이 존경심을 가지게 되었지요.

이후 한국으로 돌아온 박열은 백범 김구와 함께 식민 지배에서 벗어난 나라를 바로 세우는 데 필요한 일을 해나갔습니다. 김구 선생의 요청을 받은 그가 윤봉길 의사의 유해를 일본 땅에서 직접 찾아왔고 효창공원 삼의사 묘역에 묻힌 이봉창, 백정기 의사가 안장될 수 있도록 큰 역할을 했다는 사실은 잘 알려지지 않았지요. 이번 계기를 통해 반드시 기억해야 할 것입니다.

고국으로의 귀환, 피할 수 없던 전쟁의 비극

하지만 박열에게는 긴 옥살이보다 더 고통스러운 세월이 기다리고 있었습니다. 고국에 돌아오고 약 1년 뒤인 1950년 6월 25일, 한반도에서 6·25전쟁이 발발하고 말았기 때문입니다. 그 당시 북한은 독립운동가를 비롯해 지식인 등 명망 있는 사람을 강제로 끌고 갔습니다. 그러고는 이렇게 선전했지요.

"우리는 독립운동가, 지식인들이 자발적으로 넘어올 만큼 좋은 나라다."

일본 형무소에서 22년의 세월을 보낸 박열은 이번에는 북한 인민군에 의해 납치돼 북한으로 끌려가고 맙니다. 북한으로 끌려간 박열이 이후 어떤 생활을 했는지 정확히 알려지지 않았고 72세에 사망했다는 소식만 전해졌습니다.

　박열이 사망하고 15년의 세월이 흐른 1989년, 대한민국 정부는 일본의 회유에 넘어가지 않고 끝까지 독립을 위해 투쟁한 박열의 공헌을 기리기 위해 그에게 건국훈장을 추서했습니다. 이때 박열과 함께 독립운동의 공로를 인정받아 건국훈장을 받은 사람이 또 있습니다. 그 주인공은 박열의 아내, 가네코 후미코입니다. 재판정에 나란히 서서 일본에 저항했던 부부가 함께 건국훈장을 받은 것입니다.

　2023년 9월 1일은 관동대지진이 일어난 지 딱 100주년이 되는 해였습니다. 그런데 일본에서 9월 1일은 '방재의 날', 그저 자연재해를 대비하는 날입니다. 아직도 일본은 관동대지진이 일어났을

1968년경 북한 평양 대동강변을 배경으로 찍은 박열의 사진(좌, 박열의사기념관 제공)과 문경 박열의사 생가지(우, 한국민족문화대백과사전 제공)

때 6,000여 명의 조선인을 학살했다는 사실을 공식적으로 인정하지 않고 있어요. 우리가 바로잡을 역사가 아직도 이렇게 많이 남아 있습니다.

더불어 '불량한 조선인'을 자처하며 일본에 맞서 뜨겁게 싸운 독립운동가 박열에 대해서도 다시 생각해 봐야 합니다. 그는 자신이 지은 이름처럼 그야말로 영웅의 면모를 잃지 않고 불꽃같은 삶을 살다가 세상을 떠났습니다. 박열과 가네코 후미코 두 사람은 죽음도 불사하면서 인간으로서의 자유와 평등을 주장하고 일제의 식민 지배를 맹렬히 비판했어요. 하지만 아나키스트라는 이유로, 또 납북된 인물이라는 이유로 후대에 더 좋은 세상을 만들어 주고자 했던 그들의 노력이 오랜 기간 그늘에 가려져 있었습니다. 이제야 제대로 알게 된 두 사람의 희생과 노력이 오랫동안 기억될 수 있도록 무엇보다 우리의 관심이 필요합니다.

4장

벌거벗은 마지막 황녀

홍문기(총신대학교 역사교육과 교수)

고종의 막내딸 덕혜옹주가
정신병원에서 발견된 이유

1962년 1월 26일, 수많은 사람의 환영을 받으며 한 여인이 김포 공항에 들어섰습니다. 기자들은 카메라 플래시를 터뜨리며 이 여인의 모습을 담기 바빴어요. 뜨거운 관심을 한 몸에 받으며 고국으로 귀국한 이 여인은 누구일까요? 바로 덕혜옹주입니다. 덕혜옹주는 조선 제26대 왕이자 대한제국 초대 황제인 고종의 고명딸입니다. 우리나라의 마지막 황녀이지요. 비운의 옹주로 불릴 만큼 매우 극적인 삶을 살았던 터라 책과 영화를 통해 잘 알려진 인물이기도 합니다.

덕혜옹주의 귀국길이 이토록 화제가 된 이유는 무엇일까요? 그녀가 무려 37년 만에 고국으로 돌아온 것이었기 때문입니다. 너무나 안타깝게도 덕혜옹주는 열네 살에 강제로 가족과 생이별을 한 뒤, 일본으로 건너가야 했습니다. 일제의 간교한 계략에 의해 볼모로 끌려가 꼭두각시 같은 삶을 살았지요. 그런 그녀가 세월이 흘러 발견된 장소는 많은 이들에게 충격을 안겼습니다. 일본 도쿄의 한 정신병원이었기 때문입니다. 고종의 금지옥엽 고명딸이자 우리나라의 마지막 황녀였던 덕혜옹주는 왜 정신병원에서 초라한 모습으로 발견되었을까요?

대한제국 황실의 아이콘이자 우리 국민의 희망이었던 어린 소녀가 혈혈단신으로 타국에서 보내야 했던 37년. 존엄이 사라지고 명목만 남은 왕가의 자손으로 태어난 탓에 오히려 자유의지로 선택할 수 있는 일이 전무한 삶이었습니다. 빼앗긴 나라의 운명과 닮아 있는 덕혜옹주의 일생을 지금 벗겨보려 합니다.

덕수궁의 보물
늦둥이 고명딸의 탄생

때는 1912년 5월 25일, 따사로운 햇살이 덕수궁을 비추고 있던 어느 아름다운 봄날! 평온한 봄날의 분위기와는 달리 궐 안은 매우 분주하고 초조한 기운으로 가득했습니다. 그리고 이곳에서 이리저리 발걸음을 옮기며 누구보다 불안해하는 한 인물이 있었어요. 바로 고종이었습니다. 당시 고종은 일본의 강압으로 아들 순종에게 왕위를 물려준 뒤 정사에서 한걸음 물러나 있던 상황이었습니다. 왕과 같은 대우를 받고는 있었지만 강제 퇴위를 당한 후 실의의 나날을 보내고 있었지요. 그런 그가 무슨 일로 이렇게 상기된 것일까요?

뜰 안을 초조하게 돌아다니던 고종은 한 상궁에게 이렇게 물어보았습니다.

"소식은 아직이더냐?"

잠시 후, 봄의 꽃봉오리가 터지듯 아이의 울음소리가 터져 나와 궐 안을 가득 메웠습니다.

고종황제 국립고궁박물관 제공

"마마께서 예쁜 아기씨를 순산하셨다 하옵니다!"

그제야 고종은 아이의 탄생을 기다리며 초조해했던 마음을 내려놓고 하늘로 날아갈 듯 크게 기뻐했습니다. 이날 태어난 아이가 바로 덕혜옹주입니다.

덕혜옹주의 탄생을 고종이 유독 기뻐할 수밖에 없었던 특별한 이유가 또 있었습니다. 고종은 아들만 있고, 딸이 한 명도 없었거

덕혜옹주 아이 때 모습 국립고궁박물관 제공

든요. 슬하에 9남 4녀의 자녀를 두었지만, 많은 자녀가 일찍 죽고 세 아들만이 살아 있었습니다. 게다가 이때 고종의 나이는 무려 61세였습니다. 환갑에 아주 귀하디귀한 고명딸을 얻은 것이지요. 그러니 늦둥이 덕혜옹주가 얼마나 사랑스러웠을까요? 고종에게는 눈에 넣어도 아프지 않을 아이였습니다.

이와 더불어 고종이 어떤 상황에 놓여 있었는지 살펴볼 필요가 있습니다. 덕혜옹주가 태어나기 17년 전에 고종을 절망에 빠뜨린 일이 있었어요. 17년 전이라면 1895년인데요. 이때 무슨 일이 일어났는지 기억하나요? 고종의 부인 명성황후가 일본에 살해당하는 비극, 을미사변이 일어났었지요. 고종은 부인뿐 아니라 1907년에는 아들 영친왕도 일본에 인질로 내주어야 했습니다. 그로부터 얼마간의 세월이 흘러 1910년에는 일본에 나라까지 빼앗기지 않았습니까? 덕혜옹주의 탄생은 아내와 아들, 나라까지 일본에 빼앗기며 무력해진 고종의 암울한 인생에 비친 한 줄기 빛이자 유일한 기쁨이었을 것입니다.

고종의 품에서
행복했던 유년 시절

그런데 왜 덕혜옹주는 공주가 아닌 옹주로 불린 걸까요? 덕혜옹주 어머니의 신분 때문이었습니다. 덕혜옹주의 어머니는 고종의 정실부인이 아니라 양귀인이라는 후궁이었거든요. 당시 후궁의 딸은 공주가 아니라 옹주로 불렸습니다. 양귀인은 궁궐에서 음식을 만드는 소주방 나인 출신으로 고종의 눈에 띄어 후궁이 된 인물이었습니다.

그렇게 덕혜옹주가 태어나고 얼마 지나지 않아 고종은 모두가 깜짝 놀랄 결정을 내립니다.

> "복녕당에 나아가 새로 태어난 아기를 데리고 함녕전으로 환차하였다."
>
> 《순종실록부록》 3권, 5년(1912) 7월 13일

복녕당은 덕혜옹주가 태어난 덕수궁의 전각을 말합니다. 그렇다면 함녕전은 어디일까요? 함녕전은 덕수궁에 있는 고종의 침전이었습니다. 그러니까 고종이 생후 50일도 안 된 덕혜옹주를 자신이 거처하는 함녕전으로 데려왔다는 거예요. 이는 조선 역사상 전무후무한 일이었습니다. 왕의 침전이 어떤 공간인가요? 오직 왕만

덕수궁 함녕전 고종이 일상을 보내던 침전. 전각의 명칭인 함녕咸寧은 《주역周易》의 한 구절에서 따온 것으로 '모두가 평안하다'라는 뜻이다. 문화재청 제공.

이 사용할 수 있는 공간입니다. 왕이 아니면서 왕의 침전에서 지낸 사람은 조선이 세워진 이후 덕혜옹주가 유일했습니다. 낮이고 밤이고 사랑하는 딸을 곁에 두고 보고 싶은 아버지 고종의 마음이 얼마나 깊었는지 알 수 있지요.

심지어 한 상궁이 남긴 기록에는 이런 일화도 있습니다. 어느 날 함녕전에서 변복동이라는 유모가 덕혜옹주를 재우고 있었는데, 그곳으로 고종이 들어왔습니다. 왕이 왔으니, 누워 있던 유모는 당연히 몸을 일으켰지요. 그런데 고종이 이렇게 말했다고 합니다.

"아기가 깨면 어찌하느냐. 그냥 누워 있거라."

왕 앞에서 궁녀가 일어나지 않고 누워 있다니, 있을 수 없는 일이었지만 그 순간 고종에게는 왕에 대한 예의를 따지는 일보다 딸의 단잠이 훨씬 더 중요했습니다.

덕혜옹주는 든든한 아버지, 고종의 사랑을 한 몸에 받으며 무럭무럭 자라났습니다. 이런 덕혜옹주가 자라면서 점점 자주 듣게 된 말이 있었는데요. 바로 아버지 고종을 쏙 빼닮았다는 말이었지요. 고종은 자신과 똑 닮은 딸 덕혜옹주를 많이 예뻐했고 애지중지 아꼈습니다.

덕혜옹주가 다섯 살이 되던 해인 1916년 4월, 고종은 또다시 덕혜옹주를 위해 조선 건국 이래 단 한 번도 일어난 적 없는 파격적인 일을 감행했습니다. 이번에는 또 무슨 일을 벌였을까요? 고종은 하나뿐인 딸을 위해 우리나라 최초의 근대식 왕실 유치원을 만들었어요. 그동안 대한제국 황실은 왕자들의 교육에는 신경 썼으나 여성들의 교육에는 별로 관심이 없었습니다. 고종이 궁궐 안에 따로 유치원을 만들어서 덕혜옹주가 새로운 학문을 배울 수 있게 해준 걸 보면 그가 덕혜옹주를 얼마나 아꼈는지 알 수 있지요. 딸바보 고종의 세심하고도 특별한 사랑이었습니다.

덕혜옹주는 궁궐 안 유치원에서 당시 아이들이 배우지 않았던 노래와 율동, 체육 활동도 익혔습니다. 이뿐만이 아니었습니다. 고종은 지체 높은 가문의 딸을 여러 명 선발해 동급생으로 엮어 주기도 했어요. 그래서 덕혜옹주는 비슷한 또래의 친구들과 즐겁게 어울리며 교육을 받을 수 있었습니다. 이 덕분이었을까요? 덕혜옹주

는 성격이 밝았고, 춤과 노래를 좋아하는 명랑 소녀로 자라났다고
해요.

덕혜옹주를 향한 고종의 극진한 사랑은 여기서 끝나지 않았습니다. 덕혜옹주가 유치원에 갈 때는 꼭 가마를 태워 보냈어요. 그런데 유치원이 만들어진 곳은 고종과 덕혜옹주가 거처하던 덕수궁 함녕전에서 불과 150미터밖에 떨어지지 않은 준명당이었습니다. 150미터면 아이의 걸음이라 하더라도 2분 남짓이면 갈 수 있는 거리 아닌가요? 왕도 특별한 행사가 없으면 궁궐 안에서 가마를 타고 다니지 않았습니다. 고종은 덕혜옹주에게 모든 걸 해주고 싶어 한 그야말로 극성 아버지였습니다.

덕혜옹주의 왕실 입적을 위한
딸바보 고종의 비책

그런데 고종이 딱 한 가지 해주지 못해 늘 마음에 걸렸던 게 있었어요. 그것은 '호적 등록'이었습니다. 덕혜옹주는 다섯 살이 넘도록 왕실 족보에 들어가지 못하고 있었어요. 대체 왜 그랬을까요? 당시는 일제강점기였으므로 왕실 족보에 이름을 올리기 위해서는 일본의 허락이 필요했기 때문입니다. 일본은 덕혜옹주 어머니 양귀인의 신분이 미천하다는 이유로 덕혜옹주의 입적을 거부

하고 있었습니다.

고종은 하루라도 빨리 덕혜옹주를 공식적으로 자신의 딸로 입적시키고 싶었습니다. 만약 왕실의 후손으로 입적되지 못한다면 어떻게 될까요? 일본이 언제 덕혜옹주를 해칠지 모르는 상황이었습니다. 그러니 왕실 족보에 이름을 올려 소중한 딸을 안전하게 보호하고 싶었지요.

그러던 어느 날, 고종의 걱정거리를 한 방에 날려 버릴 절호의 기회가 찾아옵니다. 조선총독부의 데라우치 총독이 인사차 덕수궁을 방문한 것입니다. 데라우치와 인사를 나눈 고종은 부랴부랴 그를 데리고 유치원이 있는 준명당 쪽으로 향했습니다. 준명당에 도착한 고종은 유치원에 있는 덕혜옹주를 불러내고는 이렇게 말했습니다.

> "이 아이가 내가 만년에 얻은 아이입니다. 이 아이가 있기에 덕수궁이 웃음소리로 넘칩니다. 내 노후의 쓸쓸함을 달래 주는 것은 오로지 이 아이 하나입니다."
>
> 곤도 시로스케, 《이왕궁 비사》

고종의 노력은 과연 어떤 결말을 맞았을까요? 고종을 만나고 관저로 돌아간 데라우치 총독은 이런 말을 했다고 합니다.

"그 귀엽고 천진한 옹주를 보고 나니, 나도 너무 까다로운 핑계

고종황제 가족 사진 좌측부터 영친왕, 순종, 고종, 순정효황후, 덕혜옹주로 1918년 1월 21일 당시 일본에 억류되어 있던 영친왕의 일시 귀국을 축하하며 찍은 사진으로 추정된다. 1919년 고종의 국장國葬 장면을 찍은 사진들이 인쇄된 〈고종황제 국장 사진첩〉에 담겨 있다. 국립고궁박물관 제공.

를 대지는 못하겠더라고. 오늘은 내가 보기 좋게 한 방 톡톡히 당했어."

고종의 적극적인 행동에 일본 총독도 더 반대하기는 어려웠던 모양입니다. 이 일이 있고 얼마 후 덕혜옹주의 입적 문제는 순조롭게 해결되었습니다. 너무 어린 나이였기 때문에 정식으로 옹주 작위를 받지는 못했습니다. 그래서 계속 복녕당 아기씨로 불리기는 했지만, 여섯 살이 된 덕혜옹주는 마침내 정식으로 왕실 족보에 이름을 올리게 되었습니다.

일제가 무너뜨린
약혼 계획

그러던 어느 날, 고종은 결의에 찬 얼굴로 이렇게 선언했습니다.

"덕혜만은 꼭 우리나라 사람과 혼인시킬 것이네. 딸마저 일본으로 보낼 수는 없어!"

덕혜옹주의 약혼을 추진하겠다고 말한 것입니다. 이때 덕혜옹주의 나이는 불과 여섯 살이었습니다. 결혼을 이야기하기에는 너무 이른 나이지요? 그러나 고종에게는 약혼을 서두를 수밖에 없는 이유가 있었습니다. 아들 영친왕에게 일어났던 그 일! 영친왕이 강제로 일본으로 끌려가 일본의 황족과 결혼하게 된 일을 떠올린 것입니다. 이런 일이 반복되는 것을 막기 위해 덕혜옹주를 우리나라 사람과 약혼이라도 시켜 놓으려고 한 것이었지요.

일본에 나라를 빼앗긴 후에 대한제국 황실은 '왕공족'이라는 일본 천황 가문의 일부가 되고 말았습니다. 일본은 조선 왕공족을 어떻게든 일본인과 결혼시키려고 했어요. 대한제국 황실에 일본인의 혈통을 섞어 장기적으로는 일왕 가문의 일부로 완전히 흡수하려는 의도였지요. 사실, 과거 일본이 덕혜옹주의 입적을 반대한 이유도 이와 관련이 있는데요. 일본은 자신들이 인정한 왕공족이 늘어나면 비용이 들고 관리도 힘들어질 뿐 아니라 왕공족이 힘을 키워 독립을 도모할 수도 있다고 생각했어요. 또 덕혜옹주를 입적해 주면 이후 비슷한 상황에서 태어난 대한제국 황실 자손들도 똑같이 대우해야 하니 계속해서 덕혜옹주의 입적을 거부한 것이지요.

고종은 일본의 눈을 피해 총애하던 비서 김황진을 은밀하게 불러 덕혜옹주의 약혼 상대를 함께 상의했습니다. 상의 끝에 덕혜옹주의 약혼 상대로 김황진의 조카인 여섯 살 김장한이 선택되었지요. 과연 고종과 김황진의 계획대로 덕혜옹주와 김장한의 약혼은 이루어졌을까요? 안타깝게도 두 사람의 약조는 지켜지지 않았습니다. 일본이 고종의 계획을 눈치채고 김황진의 덕수궁 출입 자체를 금지해 버렸기 때문입니다. 아버지로서 딸의 미래를 지켜 주고 싶었던 고종은 사사건건 일본의 눈치를 봐야 하는 현실에 또다시 깊이 절망했겠지요.

고종의 죽음이 남긴 의혹, 시작된 덕혜옹주의 비극

무럭무럭 자라나던 덕혜옹주가 여덟 살이 된 1919년 1월 21일, 나라를 떠들썩하게 만든 충격적인 소식이 전해졌습니다. 대한제국 황제 고종이 갑작스럽게 세상을 떠나고 만 것입니다. 더욱 충격적인 것은 고종의 죽음에 대한 해괴한 소문이었어요. 우리가 앞서 3·1운동 이야기에서 확인한 것처럼 고종이 일제에 의해 독살을 당한 게 아니냐는 의혹이 제기된 것이지요. 왜 이런 의혹이 있었는지 조금 더 자세히 알아보겠습니다.

1919년 그해에 고종은 파리 강화 회의에 조선의 독립을 호소하는 밀사를 파견하려는 계획을 세웠습니다. 그런데 이를 일제에 들키고 말았지요. 이 사실을 알고 분노한 일제가 고종을 무참히 독살했다는 소문이 퍼진 것이었습니다. 덕혜옹주와 양귀인에게도 이 소문이 흘러들었고 이에 두 사람도 고종이 억울한 죽음을 당했다고 생각한 듯합니다. 그러나 소문의 진위는 정확히 알 수 없으니 답답했겠지요. 고종의 사망 원인을 뇌출혈로 공표한 일제는 고종의 장례도 서둘러 진행했어요. 이마저도 조선총독부가 주관하는

대한문 앞을 지나가는 고종의 상여와 장례 행렬 독립기념관 제공

일본식으로 치러진 사실이 우리를 슬프게 합니다.

고종의 사랑을 한 몸에 받고 자란 덕혜옹주 역시 충격과 슬픔에 휩싸였습니다. 하늘이 무너지는 비통한 심정이었을 테지요. 한 나라의 황녀이기 전에 사랑하는 아버지를 잃은 가여운 여덟 살 어린아이에 불과했으니까요.

그런데 그로부터 1년 후, 아홉 살이 된 덕혜옹주의 소식이 연일 신문에 실립니다. 과연 어떤 소식이었을까요?

> "복녕당 아기씨 아침저녁에 두세 명의 학우와 함께 공부에 마음을 붙이사 부왕의 그리운 정을 위로."
>
> 〈동아일보〉 1920년 6월 3일

덕혜옹주가 공부에 전념한다는 소식이 신문 기사로 보도된 거예요. 아버지 고종이 사망한 지 1년이 되어 갈 때쯤 일제는 덕혜옹주를 경성에 있는 일본인 학교, 히노데소학교에 입학시켰습니다. 히노데소학교는 일본이 조선에 설치한 유일한 공립소학교였어요. 대한제국 황실이 일본의 지배 아래에 있다는 걸 보여주기 위한 의도이자 덕혜옹주를 일본인처럼 교육하기 위한 결정이었지요. 덕혜옹주는 일본어, 일본 역사, 일본 문학, 일본식 예절 등 어쩔 수 없이 일본식 교육을 받아야만 했습니다. 그렇게 일본이 시키는 대로 학교생활에 전념할 수밖에 없었던 덕혜옹주. 이후에도 '열심히 공

경성 히노데소학교 교실에서 공부 중인 덕혜옹주 한국학중앙연구원 장서각 제공

부한 덕혜옹주 성적이 극히 양호', '홍역에 걸렸던 덕혜옹주 쾌유', '덕혜옹주 견학'을 알리는 소식이 연달아 우리나라 신문에 실렸습니다.

여기서 한 가지 의문이 생깁니다. 왜 이렇게 덕혜옹주의 일거수일투족이 계속해서 보도된 걸까요? 이때는 고종의 사망이 기폭제가 되어 일어난 3·1운동이 마무리된 지 얼마 안 된 시점이었습니다. 비극의 시대에 나라를 잃은 설움과 잃은 나라를 되찾겠다는 의지를 품은 채, 승하한 고종 황제에 대한 그리움에 사무쳐 살아가던 우리나라 국민의 시선이 덕혜옹주에게 몰려 있었던 것입니다. 다시 말해 덕혜옹주는 대한제국 황실의 아이콘 같은 존재로 떠올라 있었지요.

일제는 독립운동의 불씨가 될 수도 있는 덕혜옹주가 대한제국 언론에 자꾸 보도되니 그 모습을 눈엣가시로 여기고 주시했어요. 덕혜옹주는 눈에 불을 켜고 호시탐탐 트집을 잡으려는 일제의 눈초리를 견디며 묵묵히 학교생활을 이어갈 수밖에 없었습니다.

일제의 계략에 휘말려
모국을 떠나 적국으로

1925년 3월, 덕혜옹주가 열네 살이 되던 해에 대한제국 옹주의 근간을 뒤흔드는 일이 벌어집니다. 경성역에서 일본식 전통 복장을 입고 댕기 머리까지 풀고 하나로 단정하게 묶은 덕혜옹주의 사진이 신문에 실린 것입니다. 덕혜옹주가 어디론가 떠나던 날에 찍은 사진이었지요. 과연 그녀는 어디로 향하는 길이었을까요?

'덕혜옹주, 일본류학.'

안타깝게도 덕혜옹주의 종착지는 일본이었습니다. 결국 일제가 덕혜옹주의 일본 유학을 결정해 버린 것입니다. 덕혜옹주를 대한제국 밖으로 내보내기로 한 결정에는 분명한 의도가 있었지요. 이대로 뒀다간 덕혜옹주를 중심으로 다시 독립운동의 불씨가 피어오르지 않을까 하고 우려한 거예요. 덕혜옹주를 우리 민족의 시야에서 사라지게 하려고 한 것입니다. 영친왕에 이어 덕혜옹주까지 일제의 계략에 휘말려 혈혈단신으로 모국을 떠나 적국으로 가야만 하는 비극적인 일이 또 일어나고 말았습니다.

덕혜옹주는 경성에서 기차를 타고 부산으로 간 뒤, 배를 타고 이튿날 도쿄에 도착했습니다. 이때 옹주를 위해 마중을 나온 이가 있었어요. 일본에 볼모로 끌려갔던 오빠 영친왕이었습니다. 타국에서 만난 두 남매는 서로에게 애잔한 마

일본으로 떠나기 전 덕혜옹주의 모습 한국학
중앙연구원 장서각 제공

음이 들지 않았을까요? 영친왕의 옆에는 아내 마사코도 함께 있었습니다. 우리에게는 마사코라는 이름보다 이방자 여사로 더 잘 알려진 인물이지요.

그렇게 덕혜옹주는 오빠 영친왕의 집에서 지내며 도쿄여자학습원으로 편입하게 됩니다. 도쿄여자학습원은 일본의 황족과 귀족 등 신분이 높은 이들의 자제가 다니는 상급 학교였습니다. 그런데 이 학교에서 덕혜옹주는 어딘가 모르게 이전과 다른 모습을 보이기 시작합니다. 당시 같은 반이었던 학우의 회고에 따르면, 덕혜

옹주는 무슨 말을 들어도 "네, 네"만 할 뿐 잘 이야기하지 않았다고 합니다. 운동장으로 나가 같이 놀자고 해도 교실에 앉아만 있었다고 하지요. 밝고 명랑했던 덕혜옹주가 마음에 묵직한 자물쇠를 걸어 잠그고 조용한 아이로 변한 것입니다. 일본인으로서의 자긍심이 가득 찬 학생들 사이에서 덕혜옹주는 당연히 위축될 수밖에 없지 않았을까요?

게다가 조용한 덕혜옹주는 다른 일본 학생들은 하지 않는 특이한 행동을 했어요. 물건 하나를 늘 몸에 지니고 다녔지요. 그것은 바로 물이 담긴 보온병이었습니다. 왜 그랬을까요? 덕혜옹주에게는 깊은 트라우마가 있었습니다. 아버지가 독살당했을지도 모른다는 사실 때문에 늘 불안했지요. 사실, 아버지 고종도 살아생전 독살의 위험 때문에 100퍼센트 신뢰할 수 있는 사람이 가져온 음식만 먹었었습니다. 이를 옆에서 지켜본 어머니 양귀인은 혹시나 딸도 독살당할까 봐 덕혜옹주에게 보온병을 꼭 갖고 다니라고 조언한 것입니다.

어머니의 임종도 지키지 못한
망국의 옹주

그렇게 덕혜옹주는 눈과 귀 그리고 마음까지 완전히 닫아버립니다. 잘 웃고 활발하던 아이는 이제 입을 굳게 다물고 더 이상 웃지 않게 되었어요. 이런 덕혜옹주에게 희망이랄 게 있었을까요? 이 모든 암담한 생활을 청산할 수 있는 방법은 오직 고국으로 돌아가는 것밖에 없었습니다.

그런데 그로부터 4년 뒤, 덕혜옹주가 갑자기 조선으로 귀국하는 일이 벌어집니다. 오랜만에 조선으로 귀국한 덕혜옹주는 검은색 양장으로 온몸을 휘감고 모자를 푹 눌러 쓴 채 차마 고개를 들지 못하고 있었습니다. 덕혜옹주에게 뭔가 심상치 않은 일이 벌어진 듯했지요.

> "덕혜옹주 애통. 한 분의 어머니마저 돌아가셨다."
>
> 〈동아일보〉 1929년 6월 3일

어머니 양귀인이 병으로 세상을 떠난 것입니다. 빈소에 도착한 덕혜옹주는 세상이 무너진 듯 통곡할 수밖에 없었어요. 무엇보다 어머니의 임종도 지키지 못한 게 커다란 한이었지요. 어머니의 빈소 앞에 선 덕혜옹주의 가슴은 천 갈래로 찢어졌습니다.

> "어머님의 유해 앞에서 애통해하시는 모습은 가까이 모시는 사람들의 눈물을 자아냈다."
>
> 〈동아일보〉 1929년 6월 23일

모친상으로 귀국한 덕혜옹주의 모습이 실린 〈동아일보〉 기사(1929년 6월 3일) 동아디
지털아카이브 제공

이때 덕혜옹주를 더욱 비통하게 만든 일이 있었습니다. 어머니
의 장례식임에도 일제가 상복을 입지 못하도록 금지해 버린 것입
니다. 당시 일제는 왕공족이 지켜야 하는 여러 규범을 만들어 강요
했습니다.

> '조선 왕공족은 황족, 왕족, 귀족이 아닌 친족의 초상에 상복을 입지
> 않는다.'
>
> 《왕공가궤범》

소주방 나인 출신인 어머니의 신분이 미천하다는 이유로 덕혜옹주가 상복을 입지 못하게 한 것입니다. 어머니를 잃었을 당시 덕혜옹주는 겨우 열여덟 살이었습니다. 지금으로 치면 고등학교 2학년의 나이에 세상에 홀로 남겨진 덕혜옹주. 어머니의 장례식을 치른 그녀는 어머니의 묘소에 들러 마지막 작별 인사를 하고 일제의 강요로 5일 만에 서둘러 일본으로 돌아가야만 했습니다.

결국 병이 되고 만
마음속 응어리

일본으로 귀국한 덕혜옹주는 슬픔을 머금은 채 다시 학교로 가야만 했습니다. 어머니를 잃고 또다시 시작된 외롭고 낯선 타국 생활 속에서 덕혜옹주는 여전히 친구들과 어울리지 못하고 누구와도 대화하려 하지 않았어요. 심지어 온종일 방 안에 틀어박혀 밖으로 나오지 않았고, 아무것도 먹지 않았으며 등교를 거부하기도 했습니다.

그러던 어느 날 밤, 모두가 소스라치게 놀라는 사건이 벌어지고 맙니다. 한밤중에 잠들었던 덕혜옹주가 실종된 것입니다. 덕혜옹주가 사라지자, 깜짝 놀란 영친왕 부부는 고용인들을 총동원해 온 집 안을 샅샅이 뒤졌습니다. 그녀는 대체 어디로 사라진 걸까요?

"몽유병자처럼 한밤중에 나가 정원을 돌아다니기도 했다."

《이방자 회고록》

덕혜옹주는 정신이 없는 상태로 멍하니 정원을 걷고 있었습니다. 갑자기 몽유병 같은 이상 증세를 보이기 시작한 것이지요. 심지어 사람을 눈앞에 두고도 멍하니 있기도 했어요. 영친왕의 부인이방자 여사가 "옹주! 옹주!" 하고 아무리 말을 걸어도 반응조차 없었습니다.

덕혜옹주의 상태가 심상치 않자 영친왕 부부는 황급히 의사를 불러 덕혜옹주를 진찰하게 했습니다. 곧이어 덕혜옹주에게 충격적인 진단이 내려졌지요. 이를 곁에서 지켜보던 영친왕 부부는 참담한 표정을 지을 수밖에 없었어요.

"조발성 치매증이라는 진단이 내려졌다."

《이방자 회고록》

'조발성 치매'라는 진단을 받은 것인데요. 이는 우리가 흔히 아는 기억과 인지 능력을 잃는 노인성 질환인 치매와 다른 병으로, 요즘에는 조현병이라 부릅니다. 젊은 나이에 발병해 결국 치매와 다를 바 없는 증상을 보인다고 해서 옛날에는 조발성 치매라고 불렀어요.

이 병에 걸리면 피해망상, 환청, 환상 같은 괴로운 증상을 겪게 됩니다. 조현병을 진단받았을 때 덕혜옹주는 겨우 열아홉 살이었습니다. 어머니 양귀인이 세상을 떠난 지 1년도 채 되지 않은 시기였습니다. 아버지의 죽음에 이어 일본으로 강제 유학, 어머니의 죽음까지! 연이은 비극으로 마음속에 응어리가 쌓이고 또 쌓이다가 결국 버티지 못하고 참담하게 무너져 버린 게 아닐까요. 그러나 다행히도 덕혜옹주 곁에는 영친왕 부

중년의 영친왕과 이방자 여사 국립고궁박물관 제공

부가 있었습니다. 이 부부의 보살핌 속에서 덕혜옹주는 조금씩 안정을 찾았습니다.

대한제국의 황녀
일본의 백작 부인으로 전락하다

그러나 덕혜옹주는 곧 자신의 인생을 송두리째 뒤흔들 깜짝 놀

랄 통보를 받게 됩니다. 덕혜옹주가 스무 살이 되는 다음 해에 일본인과 정략결혼을 하라는 통보였습니다. 덕혜옹주의 결혼을 추진한 건 일본 황족과 관련한 일을 담당한 기관, 일본 궁내성이었어요. 궁내성은 덕혜옹주의 결혼 상대와 결혼 시기까지 마음대로 정하고 덕혜옹주에게는 통보만 했습니다. 마치 남이 조종하는 마리오네트가 된 것처럼 덕혜옹주에겐 자신의 인생을 위해 할 수 있는 일이 아무것도 없었습니다.

일제가 강제로 정한 결혼 상대는 소 타케유키라는 인물로 도쿄대학교 영문학과에 재학 중인 엘리트였습니다. 또 백작의 지위를 가진 귀족의 신분이었지요. 그러나 엘리트든 귀족이든 덕혜옹주에게는 다 의미 없는 것들이었습니다.

> "옹주는 자신의 결혼 얘기를 듣자 사흘 동안 식음을 전폐하고 울었다."
>
> 《이방자 회고록》

본인 의사와 상관없이 남편감이 정해졌다니, 이 얼마나 억울하고 황당한 일인가요? 자신의 남은 인생마저 일제가 멋대로 좌지우지하겠다는 뜻으로 받아들일 수밖에 없었겠지요. 일본 귀족과 결혼하면 덕혜옹주는 일본 귀족 가문의 일원이 됩니다. 그러면 자연스럽게 대한제국 황녀의 상징적 권위까지 사라지게 되지요. 일제가 노린 게 바로 이것이었습니다.

또 한 가지 짚고 넘어가야 할 사실이 있어요. 소 타케유키의 집안은 대마도를 다스리는 가문이었는데요. 대마도는 과거 조선에 공물을 바치는 등 조선과의 무역으로 살아가는 이들의 터전이었어요. 제 아무리 귀족이라 해도 덕혜옹주는 대한제국의 황녀였기 때문에 신분이 맞지 않는 상대였지요.

그러나 혼담이 오가고 바로 다음 해인 1931년 5월 8일, 일본 도쿄에서 덕혜옹주는 소 타케유키와

소 타케유키와 결혼한 덕혜옹주 서울역사박물관 제공

결혼식을 올렸습니다. 덕혜옹주가 스무 살, 소 타케유키가 스물네 살이 되던 해였습니다. 그렇다면 이때 한국인들은 덕혜옹주의 결혼 소식을 알았을까요? 당시 언론들이 덕혜옹주의 결혼식을 대대적으로 보도했기 때문에 알고 있었습니다.

그런데 덕혜옹주의 결혼 소식이 실린 〈조선일보〉 기사에는 덕혜옹주의 사진만 있었어요. 남편 소 타케유키를 아예 지워 버린 것입니다. 일제가 대한제국의 귀한 황녀를 일본인과 결혼시켜 일본인으로 만들겠다는 계략은 우리 국민에게 분통 터지는 일이었습니

다. 그래서 소 타케유키의 얼굴을 삭제하고 보도함으로써 국민의 치밀어 오르는 분노를 대변하려 한 것입니다.

하지만 안타깝게도 이 결혼식 보도 이후, 덕혜옹주의 생활은 오랫동안 조선에 전해지지 않았어요. 한국의 신문에서 덕혜옹주의 소식을 더는 싣지 않았기 때문입니다. 일본에서 결혼한 여성은 남편을 따라서 성을 바꾸게 됩니다. 대한제국 황실의 후예가 일본의 귀족에게 시집을 가서 부모가 준 성을 버리고 일본식으로 바꾸는 일은 우리나라에서 용납하기 어려운 일이었지요. 덕혜옹주를 아끼고 사랑했던 만큼 당시 우리 국민의 상실감은 어마어마했습니다. 그렇게 고국과 국민에게서 점점 잊히기 시작한 덕혜옹주. 이제 그녀는 대한제국 황족의 신분을 뒤로한 채 일본의 백작 부인으로 살아가야만 했습니다.

일제에 휘둘리는 삶으로
악화하고 만 조현병

그렇다면 덕혜옹주의 결혼생활은 어땠을까요? 결혼생활은 평온했고 부부 사이도 나쁘지만은 않았던 듯합니다. 결혼하고 얼마 후, 덕혜옹주 부부에게 기쁜 소식도 찾아왔지요. 1932년 8월, 덕혜옹주는 결혼한 지 1년 만에 딸을 출산합니다. 딸의 이름은 '마사에',

한국식 이름은 '정혜'였습니다. 금쪽같은 자식이 생긴 후, 덕혜옹주는 어두운 터널에서 나와 새로운 삶을 시작하게 되었습니다.

그런데 안정을 찾아가던 병증이 다시금 덕혜옹주를 괴롭히기 시작했습니다. 덕혜옹주가 남편 소 타케유키와 함께 대마도를 방문했을 때의 일입니다. 소 타케유키는 대마도의 숙소로 지인들을 초대해, 오랜만에 즐거운 사담을 나누고 있었어요. 이야기가 한창 무르익던 그때! 방에 있던 덕혜옹주가 방문을 벌컥 열고 나왔습니다. 소 타케유키의 지인은 반갑게 인사를 건넸지요. 하지만 덕혜옹주의 반응에 그 자리에 있던 사람들은 크게 당황하고 말았습니다. 덕혜옹주가 아무런 대답도 하지 않고 가만히 서 있었기 때문입니다. 그러더니 충격적인 모습을 보여 그 자리에 있던 이들을 얼어붙게 만들었습니다.

> "끊임없이 소리를 내서 웃기를 몇 번이나 했던가. 정말 병적인 거동이었다."
>
> 《히라야마 타메타로 회고록》

덕혜옹주가 갑자기 미친 듯이 웃음을 터뜨리기 시작한 것입니다. 아무 이유 없이 계속 소리 내 웃는 모습이 병적일 정도였다고 하지요. 그동안 수면 위로 드러나지 않았을 뿐, 어머니를 잃고 난 뒤부터 그녀를 괴롭힌 조현병이 악화하고 있었던 것입니다. 태어나서부터 왕실 입적, 일본 유학, 결혼까지 인생의 어느 것 하나 뜻대로 할 수 없었던 비극적인 나날. 일제에 휘둘리는 삶 속에서 고통받은 기억들은 사라지지 않고 계속해서 그녀를 짓눌렀습니다.

1945년에도 또 한 번 시련이 찾아왔습니다. 일본에서 유일한 울타리가 되어 준 남편 소 타케유키가 한순간에 귀족 신분을 박탈당하고 일반 시민으로 전락한 것입니다. 1945년 8월, 제2차 세계대전에 참전했던 일본은 항복을 선언하고 패전국이 되어 헌법을 새로 만들고 여러 제도를 바꾸었는데요. 이때 폐지한 제도가 귀족 제도였습니다. 그러면서 귀족의 작위를 박탈하고 재산을 추정해 재산세를 내도록 했습니다. 이 때문에 소 타케유키도 백작 작위를 박탈당했고, 집을 처분해야 할 정도로 많은 재산세를 내야만 했어요. 급격히 가세가 기울기 시작했고, 이후 위기 상황에 놓인 덕혜옹주는 자취를 감추어 버립니다.

초라한 모습으로
정신병원에서 발견되다

약 4년이 흐른 1950년, 한 남자가 일본 도쿄에 도착했습니다. 남자의 이름은 김을한. 그의 정체는 서울신문사 도쿄 특파원 기자였습니다. 그가 도쿄에 온 이유는 일본에서 종적을 감춘 한 여인을 찾기 위해서였지요. 그가 애타게 찾은 그 여인은 바로 우리나라 온 국민의 관심을 받다가 한순간에 잊히고 말았던 덕혜옹주였습니다. 그런데 김을한은 누구이기에 덕혜옹주를 찾아 나선 걸까요?

고종이 살아 있을 때 총애하던 신하 김황진과 맺었던 약조를 기억하나요? 당시 고종은 김황진의 조카 김장한과 덕혜옹주를 맺어 주려 했습니다. 덕혜옹주를 찾아 도쿄로 온 김을한은 그 김장한의 형이었어요. 김을한은 고종과 삼촌 김황진의 깊은 인연을 누구보다 잘 알고 있었고 삼촌에게서 고종이 덕혜옹주를 얼마나 아꼈는지, 또 얼마나 걱정했는지 듣기도 했지요. 그래서 기자가 된 후에 사라진 덕혜옹주를 찾아 나선 것이었습니다.

그런데 덕혜옹주의 행방을 수소문하던 김을한은 경악할 만한 곳에서 덕혜옹주를 찾게 됩니다. 보고도 도저히 믿을 수 없는 곳이었지요. 바로 일본 도쿄의 한 정신병원이었어요. 고종이 금지옥엽 아꼈던 딸이자 대한제국의 마지막 황녀 덕혜옹주. 한때 누구보다 고귀한 대우를 받았던 여인이 정신병원에 갇히는 비참한 신세가 되어 있었습니다. 도대체 어떻게 된 일일까요? 남편 소 타케유키의 경제적 상황이 어려워지자 아픈 덕혜옹주는 더는 간병인의 도움을 받기 어려운 상황이 되었습니다. 도움을 줄 수 없었던 남편이 덕혜옹주를 정신병원으로 보내 돌봄을 받도록 한 것이었지요.

병실 창문 너머로 보이는 덕혜옹주의 초라한 모습을 본 김을한은 안쓰러운 마음에 하염없이 눈물을 흘렸습니다. 그리고 두 주먹을 불끈 쥐고 되뇌었어요.

'어떻게든 덕혜옹주를 고국으로 돌려보내야겠다!'

하지만 덕혜옹주는 바로 대한민국으로 돌아가지 못하고 그 뒤로도 오랫동안 일본에 머물러야 했습니다. 대체 왜 그래야 했을까요? 김을한이 덕혜옹주를 찾은 1950년은 대한민국 정부가 수립된 지 얼마 되지 않은 때였습니다. 그래서 당시 정권은 '대한제국 황실 가문 사람이 귀국하면 황실 가문을 지지하는 이들이 새로운 세력을 만들어 정부를 위협하지 않을까' 하고 걱정했지요. 이런 정치적 이유 때문에 덕혜옹주의 귀국을 추진하기가 쉽지 않았습니다. 덕혜옹주의 삶은 또다시 시대의 격랑 속에서 이리저리 표류하게 되었지요.

37년 만에 밟은 그리운 고향 땅

이대로 영영 그리운 고국 땅을 다시 밟을 기회를 놓치게 되는 걸까요? 상심한 덕혜옹주에게 또다시 비극적인 소식이 들려왔습니다. 1956년, 덕혜옹주가 정신병원에 있을 때 딸 정혜가 실종되고 만 것입니다. 당시 20대였던 정혜가 어느 날 갑자기 자살하겠다는 유서를 남기고 사라져 버린 거예요. 그렇게 행방불명이 된 후 7년 뒤 정혜는 사망 처리되었습니다. 덕혜옹주는 다시는 딸을 만날 수 없게 되었습니다.

망국의 옹주로서 겪어야 했던 시련. 거기에 더해진 감당하기 힘든 가혹한 운명까지, 덕혜옹주의 삶은 비극으로 가득했습니다. 하지만 그녀의 삶을 안타깝게 여긴 한 사람 덕분에 덕혜옹주는 말년을 그리운 고국에서 보낼 수 있었습니다. 홀로 덕혜옹주를 찾아 나섰던 김을한이 덕혜옹주의 귀국을 포기하지 않았거든요.

덕혜옹주의 귀국 소식을 알린 신문 기사 아카이브조선 제공

시간이 흘러 정부가 교체되자 김을한은 새로 집권한 정부에 덕혜옹주의 안타까운 상황을 알리고, 고국으로 돌아올 수 있게 해 달라고 부탁했습니다. 일제강점기에 일본에 끌려간 대한제국의 황족을 대한민국 정부가 방치하면 안 된다고 피력했지요. 김을한의 끊임없는 노력 덕분에 마침내 덕혜옹주는 국가로부터 귀국을 승인받을 수 있었습니다.

드디어 1962년 1월 26일, 한국의 김포공항에 덕혜옹주가 도착했습니다. 열네 살이라는 어린 나이에 일본으로 보내져 37년 동안 고국으로 돌아오지 못했던 대한제국 마지막 황녀의 귀국이었지요. 고국 내한민국에 돌아왔을 때 덕혜옹주의 나이는 어느덧 51세였습니다. 그녀의 귀국길에 수많은 언론의 스포트라이트가 집중되었습니다.

> "덕혜옹주 일제 인질된 지 38년 만에 그립던 산하… 그러나 의식 없는 몸."
>
> <조선일보> 1962년 1월 26일

많은 언론이 아픈 몸으로 수십 년 만에 귀국한 덕혜옹주의 안타까운 소식을 전했습니다. 그리고 극적으로 귀국한 덕혜옹주가 김포공항에 들어섰을 때, 영화 같은 장면이 펼쳐졌습니다. 나이 많은 한 여인이 무릎을 꿇고 덕혜옹주에게 절을 올린 것입니다. 이 여인은 누구였을까요? 어린 시절 덕혜옹주를 돌봐줬던 유모 변복동이었습니다. 당시 변복동의 나이는 72세였어요. 그렇게 수십 년 만에 재회한 후, 유모는 80세의 나이로 세상을 뜰 때까지 덕혜옹주의 곁을 지켰다고 합니다.

우여곡절 끝에 고국으로 돌아온 덕혜옹주는 27년 동안 창덕궁 낙선재에서 남은 삶을 보내다가 78세에 세상을 떠났습니다. 곡절 많았던 삶을 뒤로하고 떠난 그녀는 지금 어디에 잠들어 있을까요? 경기도 남양주 고종의 무덤 바로 뒤편에 덕혜옹주의 무덤이 있습니다. 세상을 떠난 뒤에야 비로소 다시 아버지의 품에 안기게 된 것이지요.

일제의 만행으로 낯선 땅에서 살아가야만 했지만 덕혜옹주는 그 힘든 삶 속에서도 소중한 조국, 대한민국을 잊지 않았습니다. 귀국 후에 병 때문에 고생하는 와중에도 가끔씩 정신이 온전해지면 이런 낙서를 남겼지요. "나는 낙선재에서 오래오래 살고 싶어요. 전하 비전하 보고 싶습니다. 대한민국 우리나라." 소박한 바람이지만 덕혜옹주가 왜 이런 바람을 적었는지 생각해 보면 무척이나 가여운 마음이 듭니다.

암울했던 일제강점기, 일제의 탄압 아래 우리 민족은 뼈아픈 고통과 아픔을 겪어야만 했습니다. 시대의 비극 속에서 개개인의 삶 역시 쉽게 억압당하고 격랑에 휘말려야 했지요. 대한제국의 가장 고귀한 신분으로 태어난 덕혜옹주의 삶도 이러한데, 평범한 여인들의 삶은 어땠을까요? 덕혜옹주의 삶을 살펴보며 오늘 우리가 누리는 평범한 일상이 누군가에게는 그 무엇보다 간절히 바라던 소중한 일상이라는 생각을 해봅니다.

5장

벌거벗은
신여성의 탄생

소현숙(한국여성인권진흥원 일본군'위안부'문제연구소 학술연구팀장)

천재 예술가 나혜석은
어떻게 시대의 한계에 맞섰나

1921년 3월 21일, 〈매일신보〉에 사진 한 장이 게재되었습니다. 경성에서 열린 화제의 미술 전시회를 보기 위해 사람들이 구름 떼처럼 몰려 있는 사진이었습니다. 얼마나 화제가 되었는지, 이 미술 전시회를 찾은 관람객은 무려 5,000여 명이나 되었습니다.

이 전시회는 또 한 가지 특별한 점이 있었어요.

"여자로서 전람회는 조선 처음!"

바로 '조선 최초로 여성이 연 미술 전시회'라는 타이틀을 지니고 있었다는 것인데요. 경성을 떠들썩하게 만든 이 전시회를 연 여성 예술가는 대체 누구였을까요? 그 주인공은 당시 일본 유학을 마치고 돌아와 조선의 천재 예술가로 불린 나혜석이었습니다. 촉망

받는 예술가 나혜석은 그림뿐 아니라 글쓰기 능력도 뛰어났습니다. 당시 여성으로서는 꽤나 도발적인 글을 써서 조선 사회를 발칵 뒤집기도 했지요. 그녀의 글에는 '조선 여자도 사람 될 욕심을 가져야겠다', '정조는 도덕도 법률도 아무것도 아니요, 오직 취미다', '첩을 얻지 못하게 하는 것도 가르쳐야 한다' 같이 금기를 깨는 파격적인 주장이 담겨 있었거든요.

이런 그녀의 글은 사람들의 입에 오르내리며 연일 화제가 되었고, 조선의 낡은 규범을 대놓고 비판한 그녀 역시 많은 이들의 관심을 받았습니다. 더욱이 그녀는 조선을 떠들썩하게 만든 이혼 스캔들의 주인공이 되기도 했습니다. 이혼 과정을 글로 써 낱낱이 공개하는, 당시에는 상상도 못할 일을 벌여 여성에게 억압적인 사회와 맞서 싸우려고도 했지요. 대체 나혜석에게 무슨 일이 일어났던 걸까요? 그야말로 파격의 대명사였던 나혜석의 파란만장했던 인생을 한번 벗겨보겠습니다.

조선 명문가에서 태어난
될성부른 떡잎

조선 말기였던 1896년 4월 28일, 경기도 수원의 어느 대갓집에서 다섯째 딸이 태어났습니다. 이 아이가 바로 나혜석이었지요. 나혜석의 집안은 '나 참판 댁'으로 불린, 대대로 높은 관직을 지내 온 명문가였습니다.

나혜석

나혜석의 할아버지는 조선 제23대 왕 순조 대에 국가의 재무를 담당하는 호조참판을 지냈고 아버지는 한일강제병합 후에 경기도 시흥 군수와 용인 군수를 역임했습니다.

유복한 환경에서 자란 명문가 규수 나혜석은 열한 살이 되는 해에 수원의 집 근처에 있는 삼일여학교에 입학했습니다. 여러 과목 중에서도 나혜석이 유독 두각을 보인 과목이 있었습니다. 무슨 과목이었을지 예상되지요? 맞습니다. 바로 미술이었어요.

나혜석의 손에서는 그림을 그리는 펜이 떨어질 날이 없었습니다. 뒤뜰의 나무, 활짝 핀 꽃, 집 안의 물건까지 눈에 보이는 모든 것을 소재로 삼아 그림을 그렸지요. 나혜석의 그림을 본 선생님은 이 학교 학생 중에서 나혜석이 제일 그림을 잘 그린다고 칭찬했다고 합니다. 이렇듯 나혜석은 이미 학창 시절부터 미술에 특별한 재능을 보였습니다.

"학교 뒤뜰에 있는 나무나 꽃을 그려다가 선생을 주면 선생이 퍽 칭찬을 하고 잘 그렸다고 그래요. 이러한 것이 동기가 되었다고 할까요."

〈그림을 그리게 된 동기와 경력과 구심〉

열다섯 살이 된 해인 1910년에 나혜석은 고향 수원을 떠나 경성으로 유학을 하게 됩니다. 당시 여성이 경성에서 유학하는 일은 매우 드문 일이었습니다. 이런 분위기에 굴하지 않고 나혜석은 학업에 욕심 있는 여학생이라면 누구나 선망하는 학교였던 진명여자고등보통학교에 당당하게 입학했습니다.

그리고 3년이 흘러 신문에 한 고등학생의 소식이 실립니다.

"진명여자고등보통학교 본과 졸업생 나혜석. 명민한 두뇌는 학교에서 인정하는 바라. 근면한 결과 졸업 시험에 최우등의 성적을 얻었는데…"

〈매일신보〉 1913년 4월 1일

나혜석이 진명여학교 졸업 시험에서 전 과목 평균 100점 만점에 99점으로 최우수 성적을 거두었다는 소식이었습니다. 될성부른 나무는 떡잎부터 알아본다지요? 나혜석은 미술뿐만 아니라 공부까지 잘한 수재였습니다.

그런데 졸업하고도 계속 공부를 이어가고 싶었던 나혜석은 곧 학업을 중단할 위기에 처하고 맙니다. 갑자기 수원에 있는 부모님이 시집을 가라고 한 것입니다. 이제 중등학교를 막 졸업했는데, 갑자기 웬 결혼이냐고요? 당시에는 스무 살만 돼도 노처녀로 불렸습니다. 나혜석의 나이 열여덟은

〈매일신보〉에 실린 나혜석의 소식(1913년 4월 1일) 국립중앙도서관 제공

결혼하기에 딱 적당한 나이였지요. 그런데 나혜석이 공부에 욕심을 내며 계속 학업을 이어가려고 하니 딸이 혼기를 놓칠까 봐 마음을 졸이던 부모님이 학업을 중단시키려고 한 것입니다.

부푼 꿈을 안고 오른 일본 유학길

나혜석은 부모님의 허락과 경제적 지원 없이는 더 이상 학업을 이어나갈 수 없었습니다. 그러나 결혼을 이유로 공부를 그만두고 싶지는 않았어요. 그렇게 노심초사하던 때! 나혜석에게 한 가지 돌파구가 생깁니다. 일본으로 유학을 떠날 기회가 생긴 것입니다.

당시 조선 여성에게 일본 유학은 아주 드물고 파격적인 일이었습니다. 이런 절호의 기회를 만들어 준 사람은 누구였을까요? 둘째 오빠 나경석이었습니다. 이미 도쿄에서 도쿄고등공업학교를 다니며 유학 중이었던 그는 동생의 재능을 이대로 묵힐 수 없다고 판단하고 완강했던 아버지를 끈질기게 설득해 나혜석이 일본 유학을 할 수 있게 도와주었습니다.

그렇게 나혜석은 진명여학교를 졸업하고 한 달이 지난 1913년 4월에 일본 유학길에 오르게 되었어요. 일본에서 입학한 학교는 도쿄의 명문이자 당대 최고의 여성 미술교육 기관인 도쿄사립여자미술학교였습니다. 당시에는 그림을 그리는 일이 그저 중인들이나 하는 일이라고 생각했기에 명문가 여성이 유학까지 가서 미술학교에 입학한 것은 놀랍고 이례적인 일이었지요.

게다가 나혜석은 전공으로 서양화학부를 선택하는 아주 파격적인 결정을 내렸습니다. 이게 왜 놀랄 일인지 궁금하지요? 이 당시 여성들은 미술대학에 가도 신부 수업의 일환으로 자수와 재봉을 배우는 게 일반적이었습니다. 하지만 나혜석은 사회적 통념과 주변의 시선에 아랑곳하지 않고 자신이 배우고 싶은 분야를 당당하게 선택한 것입니다.

그로부터 1년 뒤, 일본에서 서양화를 공부하던 나혜석이 경성 사람들의 입에 오르내리기 시작합니다.

"동경여자미술학교 서양그림과에서 학업 성적 또한 일본의 여자
보다도 더 빼어나다 하니, 진실로 축하할 일이로다."

〈매일신보〉1914년 4월 7일

　　조선인 유학생 나혜석이 도쿄에서 일본인 학생들을 제치고 두
각을 나타냈다는 신문 기사가 실린 것입니다. 당시에는 유학을 가
서 고등교육을 받는 신여성이 드물었으니, 일본인보다 우수한 학
업 성적을 거두기까지 한 나혜석은 자연스럽게 많은 젊은이들이
선망하는 유명인이 되지 않았을까요?

　　그런데 일본에서 예술적 재능을 뽐내며 이름을 날리던 나혜석

〈매일신보〉에 실린 나혜석의 소식(1914년 4월 7일) '조선 여자로 동경에 유학, 공부가
내지여자의 이상'으로 소개된 나혜석의 소식을 확인할 수 있다. 국립중앙도서관 제공.

에게 또다시 학업을 중단할 위기가 닥칩니다. 이번에도 결혼 문제가 발목을 잡았어요. 부모님이 이제는 정말 결혼해야 한다며 설득한 것입니다. 나혜석은 어떤 반응을 보였을까요? 결사반대! 절대 학업을 중단하고 돌아갈 수 없다며 버텼습니다.

사실 이때 나혜석에게는 학업 말고도 결혼에 회의적일 수밖에 없는 또 다른 이유가 있었는데요. 바로 복잡한 가정사 때문이었습니다. 그렇게 결혼을 강요한 아버지가 사실은 본처인 어머니 외에 여러 여성을 첩으로 두고 있었거든요. 심지어 그중에는 나혜석보다 딱 한 살 많은 기생 출신의 어린 첩까지 있었습니다. 그 어린 첩은 나혜석의 아버지가 같은 동네에 얻어준 집에서 생활하고 있었지요.

1914년에는 흔히 호적으로 불리는 민적에서 '첩'란이 삭제되면서 국가에서 첩을 두는 것을 허용하는 '축첩제도'가 폐지되었습니다. 그러나 하층민들도 축첩을 할 정도로 사회적 관행으로는 여전히 남아 있었어요. 심지어 축첩제도가 폐지된 이후에도 첩을 두는 것은 이혼 사유로도 인정되지 않았습니다.

결혼해야 한다는 이유로는 절대 조선으로 돌아갈 수 없다며 버틴 나혜석! 그러나 이번에는 아버지도 강경했습니다. 학비를 보내지 않겠다고 통보한 것입니다. 나혜석은 단호한 태도를 보인 아버지를 꺾지 못하고, 결국 휴학을 신청한 뒤 일단 귀국할 수밖에 없었습니다.

여자라는 것보다
먼저 사람이다

학업을 접고 조선으로 돌아온 나혜석은 과연 아버지의 뜻을 따라 결혼했을까요? 그러지 않았습니다. 학업만큼은 절대로 그만둘 수 없다고 생각했기에 다시 일본으로 돌아가 미술을 계속 공부하겠다고 오히려 더욱 굳게 다짐했어요. 그래서 우선 학비를 벌기로 결심하고 여주공립보통학교에 취직해 미술을 가르치면서 돈을 모으기 시작했습니다. 미술학도였던 나혜석이 미술 교사가 된 순간이지요. 이때 그녀는 자신이 처한 암담한 현실을 고민하며 절절한 심경을 담아 자전적 소설을 썼습니다. 그 소설이 바로 나혜석의 대표작 〈경희〉입니다.

> "경희도 사람이다. 그다음에는 여자다. 그러면 여자라는 것보다 먼저 사람이다."
>
> 〈경희〉

1918년 3월 발표된 〈경희〉에는 여자이기보다, 한 인간으로서 살고 싶다는 나혜석의 마음이 담겨 있어요. 조선의 낡은 관습으로 억압받던 여성의 자각을 보여주는 작품입니다. 당시에는 '여자들이 배워봤자 가정으로 돌아가 아내 혹은 어머니로 살아갈 텐데 교육이나 직업이 왜 필요하냐'는 생각이 만연했습니다. 나혜석은 여성에게 강요되는 삶에 대해 고민했고, 이 고민을 소설로 써서 여성의 직업적 능력을 인정하지 않는 보수적인 조선 사회를 비판하는 파격적인 메시지를 전했습니다.

나혜석은 미술 교사로 일하면서 번 돈으로 학비를 마련해 10개월 뒤에는 교편을 내려놓고 도쿄사립여자미술학교에 복학할 수 있었습니다. 다시 일본 도쿄에서 미술학도로 살게 된 것입니다.

그런데 다시 건너간 일본에서 나혜석은 훗날 자신의 인생을 180도 바꿔버릴 운명적 만남을 갖게 됩니다. 나혜석에게 엄청난 관심을 보이는 남자가 나타난 거예요. 그 남자의 정체는 바로 김우영! 김우영은 부산에서 부유하고 명망 높은 집안의 아들로 일본의 최상위권 명문 대학 교토대학교 법학부에 다니고 있던 대단한 엘리트였습니다. 그렇다면 나혜석과 김우영은 어떻게 알게 된 걸까요? 김우영은 나혜석의 오빠 나경석과 친한 친구 사이였어요. 나경석이 둘의 만남을 주선했던 것이지요.

> "우영 씨는 내게 장찰長札을 보내었습니다. 솔직하고 열정으로 써 있었습니다. (…) 두 번째 편지가 또 왔습니다. 며칠 후에는 그가 찾아왔습니다. 파인애플과 과일을 사 가지고."
>
> 〈이혼고백장〉

나혜석에게 반한 김우영은 적극적으로
마음을 표현했습니다. 과연 나혜석은 김우
영의 마음을 받아 주었을까요? 나혜석은
쉽게 그 마음을 받아 주지 않았습니다. 김
우영은 포기하지 않고 일본에 있는 내내
무려 2년 동안 변함없이 나혜석에게 마음
을 표현했어요.

김우영

하지만 나혜석은 묵묵부답으로 어떠한
대답도 하지 않았습니다. 여느 때처럼 미
술에만 전념했지요. 당시 조선에서는 여자
가 결혼하면 하던 일을 이어가기 힘들었
습니다. 나혜석은 결혼해서 누군가의 아내가 되기보다 예술가의
삶을 살고 싶었던 것입니다.

독립운동으로 겪은 고초, 다시 시작된 김우영의 구애

나혜석은 유학 생활을 마치고 조선에 돌아오게 됩니다. 하지만
그로부터 1년 뒤인 1919년에 너무나도 충격적인 소식이 전해졌어
요. 나혜석이 감옥에 잡혀 들어갔다는 소식이었습니다. 감옥에 가

게 된 나혜석의 죄목은 다름 아닌 '독립운동'이었습니다.

1919년에 일어난 3·1운동 때에 나혜석 역시 가만히 있지 않았습니다. 이 당시 나혜석은 자신의 모교인 진명여학교의 후배들에게 33인이 쓴 독립선언서를 은밀하게 전달하며 만세운동에 참여하도록 독려했습니다. 또 독립운동 자금 조달을 위해 개성과 평양으로 가서 친구들에게 만세운동에 참여해 줄 것을 설득하기도 했습니다.

3·1운동이 일어나고 얼마 지나지 않은 3월 5일 이후 나혜석을 포함한 동료들이 모두 검거되고 맙니다. 일제는 나혜석을 감옥에 가둬 놓고 추궁과 취조를 이어가며 끊임없이 괴롭혔어요. 하지만

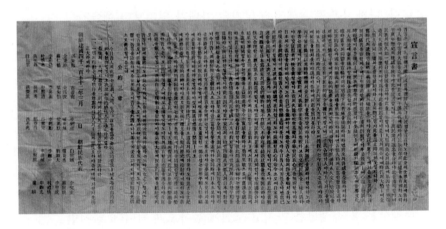

3·1독립선언서 1919년 3월 1일 독립만세운동 때 천도교측 15인, 기독교측 16인, 불교측 2인이 민족 대표로 서명한 선언서. 이 선언서는 2월 28일부터 전국 각지로 배포되면서 거족적인 3·1운동 전개에 결정적인 구실을 했다. 한국민족문화대백과사전 제공.

죄를 입증할 증거가 없었기에 나혜석은 혐의가 불분명하다는 이유로 5개월 만에 풀려났습니다.

바로 그때, 옥고를 치르고 나온 나혜석을 꼭 만나야겠다며 급히 찾아온 한 인물이 있었습니다. 도쿄 유학 중 나혜석에게 끊임없는 구애를 보냈던 김우영이 학업을 마치고 귀국하자마자 부랴부랴 찾아온 것이었어요. 만난 지 3년이나 흐른 뒤였지만 김우영은 여전히 나혜석을 잊지 못하고 마음에 품고 있었습니다. 불쑥 나혜석을 찾아온 김우영은 나혜석이 깜짝 놀랄 만한 말을 내뱉어요. 그의 말에 나혜석의 두 눈이 휘둥그레지고 말았습니다.

"나와 결혼해 주시오!"

나혜석은 어떻게 반응했을까요? 이번에도 김우영의 마음을 받아 주지 않았습니다. 사실 이때의 나혜석이 김우영의 프러포즈를 승낙할 수 없었던 결정적인 이유는 따로 있었습니다. 김우영은 이미 한 번 혼인했다가 전처와 사별하고 그 사이에 딸도 두고 있는 상황이었어요. 게다가 나혜석과 김우영의 나이 차이가 꽤 났습니다. 무려 열 살 차이였지요.

> "우영 씨의 편지, 우영 씨의 말, 우영 씨의 행동은 이성을 초월한 감정과 열뿐이었사외다. 나는 이 열을 받을 때마다 기뻤었습니다. 부지불식간에 그 열 속에 녹아드는 걸 느꼈습니다."
>
> 〈이혼고백장〉

그러나 계속되는 김우영의 열정적인 고백에 마음이 흔들린 나혜석은 고민을 거듭하다가 결혼을 위한 몇 가지 조건을 내세웠습니다. 나혜석이 내세운 조건을 들은 김우영은 깜짝 놀라고 말았어요. 그 내용이 너무나 파격적이었기 때문입니다.

파격!
결혼을 위한 네 가지 조건

첫 번째 조건은 '일생을 두고 지금과 같이 나를 사랑해 줄 것'이었습니다. 당연한 것 아니냐고요? 앞서 살펴보았듯이 이때는 축첩이 성행하고 있었기 때문에 당연한 일이 아니었습니다. 이어 두 번째 조건은 '그림 그리는 것을 방해하지 말 것'이었습니다. 이는 당시 조선 여성들처럼 결혼 후 살림만 하지 않을 것이며 하던 일을 절대 중단하지 않겠다는 선언이었습니다.

이어 제시한 세 번째 조건은 믿기 어려울 만큼 파격적이었습니다. '시어머니와 전실 딸과는 별거케 하여 줄 것'을 내세웠기 때문입니다. 이는 시어머니를 모시지 않을 것이며 심지어 김우영의 딸과도 같이 살지 않겠다는 뜻이었습니다. 지금보다 훨씬 가부장적이었던 조선 사회에서 시부모를 모시는 일은 며느리의 절대적인 의무였습니다. 사회적 분위기가 이러했으므로 나혜석의 이 같은 조건은 대놓고 시집살이하지 않겠다고 이야기한 것이나 다름없었습니다. 게다가 전처 사이에 있는 딸과도 같이 살지 않겠다고 했으니, 정말 통념을 깨부순 생각이었지요.

그런데 그다음으로 내건 조건이 가장 충격적이고 당황스러웠습니다. '신혼여행으로 내 첫사랑이었던 남자의 무덤 찾아가기'가 마지막 조건이었으니까요. 나혜석에게는 김우영을 만나기 전에 열렬히 사랑했던 최승구라는 인물이 있었습니다. 그런데 최승구가 병으로 죽는 바람에 두 사람의 사랑은 가슴 아픈 끝맺음을 하게 되었었지요.

그렇다면 이 황당한 네 가지 결혼 조건을 들은 김우영의 반응은 과연 어땠을까요? 김우영의 대답 역시 대단히 파격적이었습니다. 그는 나혜석의 첫사랑 최승구의 무덤으로 기꺼이 신혼여행을 가겠다고 대답했어요. 사랑에 빠진 김우영은 나혜석을 아내로 맞기 위해 모든 것을 감내하려고 했습니다. 그렇게 자신이 내건 모든 조건을 받아 주는 김우영을 보고 나혜석은 드디어 결단을 내립니다. 김우영의 청혼을 승낙한 것입니다.

그렇게 평생 함께하기로 약속하며 결혼식을 올리게 된 나혜석과 김우영! 이들의 결혼은 경성을 떠들썩하게 만들었습니다. 남아 있는 두 사람의 결혼식 사진을 보면 100여 년 전이지만 지금의 결혼식 모습과 크게 다르지 않아 놀라운데요. 이들이 결혼식을 올린 곳은 서울시 중구 정동에 있는 정동교회로 당시 교회에서 결혼식

나혜석과 김우영의 결혼식 수원시립미술관 제공

을 올리는 것은 새로운 형태였습니다. 조선의 신여성 나혜석은 결혼식도 신식으로 치렀던 것이지요.

모성의 사회적 통념을 비판하다

나혜석은 결혼 후에도 자신이 원한 대로 정신여학교에서 미술교사로 일했습니다. 그림도 마음껏 그렸지요. 결혼하고 3개월 뒤에는 소중한 선물도 찾아왔습니다. 임신하게 된 것이었어요. 그런데 이때 나혜석은 만삭의 몸을 이끌고 또 한 번 경성이 떠들썩해지는 일을 벌였습니다. 1921년 3월, 조선 여성 최초로 서양화 개인전을 연 것입니다. 이로써 나혜석은 조선 미술계에 정식으로 데뷔하게 됩니다. 이 전시회는 세간의 주목을 크게 받았지요.

> "나혜석 여사의 전람한 그림을 보다 그 가운데 〈신춘〉이란 그림은 350원이다."
>
> 이병기, 《가람일기》

전시된 나혜석의 그림들은 불티나게 팔렸는데, 그중 〈신춘〉이라는 작품은 현재 가치로 따지면 약 3500만 원이나 되는 고가에 팔리기도 했어요. 조선 최초 여성 서양화 화가로서 그 실력을 확실히 인정받은 셈이었지요.

그런데 5개월 뒤, 나혜석이 갑자기 경성을 떠나야 하는 일이 생깁니다. 경성에서 변호사로 일하고 있던 남편 김우영이 일본 외무성 소속 부영사로 임용되어 중국 단동으로 발령이 났기 때문입니다. 그렇게 나혜석은 남편, 아이와 함께 중국 단동에서 새로운 생활을 시작하게 됩니다. 나혜석은 중국에서도 조용히 지내진 않았어요. 늘 화제를 몰고 다닌 유명 인사답게 또 한 번 파격적인 글로 세상을 놀라게 했지요.

〈매일신보〉에 실린 나혜석의 개인전 소식(1921년 3월 21일) 전시회 현장 사진을 통해 많은 관람객이 몰려 성황을 이룬 모습을 확인할 수 있다. 국립중앙도서관 제공.

> "자식은 모체의 살점을 뜯어먹는 악마다. 모친의 사랑이라는 것은 처음부터 모(母)된 자 마음속에 구비하여 있는 것 같이 말하나 나는 도무지 그렇게 생각이 들지 않는다. 경험과 시간을 경하여야만 있는 듯싶다."
>
> 《동명》, 〈모(母)된 감상기〉

1923년 1월, 시사 잡지 《동명》에 실린 〈모된 감상기〉라는 글에 담긴 내용입니다. 이 글을 통해 엄마가 된 감상을 이야기한 나혜석은 자식이 모체의 살점을 뜯어먹는 악마라고 하면서 출산의 고통과 어머니 노릇의 어려움을 적나라하게 표현했습니다. 그야말로 파격 그 자체인 이 감상이 얼마나 큰 파장을 불러일으켰을지 상상이 되나요? 당연하게도 이 글은 당시 사회에 크나큰 충격을 안겼습니다. 1920년대 조선에서 모성애는 '모든 여성이 지닌 본능이자 의무'로 여겨졌습니다. 그런데 나혜석은 그 모성애라는 것이 아이를 낳고 키우면서 생기는 것이지, 천부적으로 여성들에게 주어지는 것이 아니라고 말했어요.

오늘날에는 모성애가 자연스러운 본능이 아니라 사회적으로 만들어져 여성들에게 강요되어 온 규범이라고 밝히는 연구가 많이 이루어지고 있습니다. 그런데 나혜석은 100여 년 전에 이미 모성애에 담긴 본질을 간파하고, 모성애를 규범화하는 사회적 통념을 통렬하게 비판한 것입니다. 예술가 나혜석은 사회가 만든 틀에 박힌 어머니의 상을 거부하며 조선의 금기를 완벽하게 깨버렸지요.

나혜석은 여기서 그치지 않고 또 다른 놀라운 행보를 보였습니다. 중국에서 독립운동을 지원한 것입니다. 나혜석은 독립운동 단체 의열단의 단원들을 적극적으로 도왔다고 합니다. 의열단의 총과 폭탄이 든 가방을 자신의 숙소에 숨겨 주고 무사히 국경을 넘어갈 수 있도록 그 가방에 일본 외무성 딱지를 붙여 주는 등 은근히 의열단을 지원했지요. 일본 외무성 부영사였던 남편의 신분을 이용해 독립운동을 도운 것입니다. 의열단 단원들은 나혜석의 기지와 도움 덕분에 무사히 폭탄을 나를 수 있었습니다.

"의열단 사건으로 옥중 생활을 했을 때 나혜석은 우리를 찾아와 건강을 걱정해 주고 용기를 북돋아 주었다."

의열단 단원 유석현의 회고

조선 여성 최초로
세계 여행을 떠난 나혜석

그렇게 나혜석은 6년 동안 중국에 머무르면서 두 아이를 더 출산해 세 아이의 엄마가 되었습니다. 세 아이를 낳아 기르면서 그녀의 마음에도 변화가 찾아옵니다.

"모성애로 인하여 얼마나 만족을 느꼈으며 행복스러웠는지 모릅니다. 과연 하나 기르고 둘 기르는 동안 지금까지 애인에게서나 친구에게서 맛보지 못하는 애정을 느끼게 되었나이다."

《삼천리》

자녀들을 아끼는 마음이 무엇보다 커진 것이었지요. 그렇게 나혜석은 중국에서 세 아이를 키우면서 틈틈이 그림도 그리며 정신없이 바쁜 워킹맘으로 살아가고 있었습니다. 그러던 어느 날, 그녀에게 예술가 인생을 한 단계 더 도약시킬 엄청난 기회가 찾아옵니다. 남편 김우영이 당시에는 상상도 할 수 없던 엄청난 제안을 한 것인데요. 그 제안은 놀랍게도 '함께 세계 여행을 하자'는 것이었습니다.

당시 일본 외무성에는 외진 곳에서 일한 근무자를 위한 포상으로 구미 선진국에 보내주는 관례가 있었습니다. 남편 김우영이 이 관례에 따라 세계 여행을 갈 수 있게 된 것이었지요. 그것도 무려 1년 9개월 동안의 장기간 여행이었어요. 나혜석은 이때 또 한 번 최초라는 타이틀을 얻게 됩니다. 바로 '조선 최초로 세계 여행을 떠난 여성'이라는 타이틀이었지요. 이렇게 나혜석은 또다시 이전에 어느 여성도 간 적 없는 길을 최초로 걷게 되었습니다.

1927년 6월, 세계 여행을 떠나게 된 나혜석은 당시에는 파격적인 헤어스타일이었던 단발을 시도했고 남편과 함께 완벽한 서양식 복장을 한 채 여행을 시작했습니다. 중국, 러시아를 거쳐 유럽으로 간 후 폴란드, 프랑스, 스위스, 벨기에, 네덜란드, 독일, 이탈리아, 영국, 스페

세계 일주 당시 나혜석, 김우영의 모습 수원시립미술관 제공

인, 미국, 일본까지 무려 13개국을 거쳤습니다.

그런데 이 많은 나라 중 유독 나혜석의 마음을 사로잡은, 나혜석이 푹 빠진 특별한 나라가 있었습니다.

> "파리의 시가 설비, 공원 시설, 모든 것이 미술적인 것은 물론이요, 연극, 활동사진 어느 것 하나 미술품이 아닌 것이 없다. (…) 화가가 있어야만 할 파리요, 파리는 화가를 불러온다."
>
> 〈구미만유기歐美漫遊記〉

프랑스 파리에 반한 나혜석은 파리에 거처를 마련해 1년 동안 머물렀습니다. 그리고 이곳에서 그림을 배우면서 화풍에도 변화가 생깁니다. 원래 세계 여행 전에 나혜석은 풍경화 그리는 걸 더 좋아했다고 합니다. 그런데 세계 여행 이후에는 거친 붓질과 강렬한 채색이 돋보이는 인물화도 그리게 되었습니다. 그렇게 해서 탄생한 작품이 〈무희〉, 〈김우영 초상〉, 〈자화상〉입니다.

예술가로서도 한 걸음 더 나아가게 된 나혜석은 1928년 9월에 프랑스 생활을 정리할 수밖에 없었습니다. 넷째 아이를 임신해 여행을 지속하기 힘들었기 때문입니다. 나혜석 부부는 유럽을 떠나 마지막으로 6개월 동안 미국과 일본을 여행한 뒤 1929년 3월에 드디어 자식들이 있는 부산으로 귀국했습니다.

〈김우영 초상〉(좌)과 〈자화상〉(우) 수원시립미술관 제공

예술가로 승승장구할 때 날아온
이혼 통보서!

그로부터 얼마 후, 남편 김우영은 변호사 사무실을 개업하겠다며 부산을 떠나 경성으로 향했습니다. 그리고 나혜석은 귀국한 지 3개월 만에 넷째 아이를 무사히 출산했어요. 그러나 그녀는 출산의 기쁨을 누릴 새도 없이 귀국전시회를 준비하느라 바쁜 시간을 보내야 했습니다.

나혜석은 여행 중에 그린 그림과 외국에서 구매한 그림을 함께 전시하는 미술 전시회를 수원에서 열었습니다. 전시회 결과는 대성공이었어요. 10여 년 전, 만삭의 몸으로 전시회를 개최했던 나혜석은 긴 세계 여행을 마치고 돌아와 출산한 지 3개월 만에 또다시 예술가로서 신드롬을 일으키며 조선 전역에 이름을 떨칩니다.

그렇게 예술가로서 승승장구하던 1930년의 어느 날, 나혜석은 경성에 있던 남편 김우영에게 충격적인 편지를 받게 됩니다. 김우영이 나혜석에게 보낸 편지에는 이혼 통보서가 들어 있었습니다. 나혜석을 끔찍이 사랑했던 김우영이 대체 왜, 무슨 이유로 이혼을 요구한 걸까요?

그 실마리를 찾기 위해서 3년 전이었던 1927년으로 돌아가 보겠습니다. 나혜석은 프랑스 파리에서 그림 공부에 매진했고 김우영은 법학 공부를 하기 위해 독일에 머물렀습니다. 부부가 잠깐 떨어져 살았던 이 시기에 사건이 터진 것입니다. 사실 프랑스에서 나혜석이 빠져 있었던 건 그림뿐만이 아니었습니다. 다른 남자와도 사랑에 빠져 있었어요.

그녀의 마음을 사로잡은 남자는 바로 최린! 최린은 3·1운동 때 나선 민족대표 33인 중 한 사람이었다가 이후 반민족행위자로 변절한 인물입니다. 그는 나혜석보다 무려 열여덟 살이나 많은 유부남이었지요. 두 사람을 소개해 준 사람은 안타깝게도 남편 김우영이었습니다. 당시 최린 역시 유럽을 유람하는 중이었고 프랑스에 잠시 들렀을 때 이미 친분이 있던 김우영과 그의 부인 나혜석을 만난 것입니다.

그렇게 알게 된 나혜석과 최린은 남편 김우영이 독일에 가 있는 동안 급속도로 가까워졌고 넘어서는 안 될 선을 넘어버렸습니다. 불륜을 저지르고 만 것입니다. 최린은 시와 그림에도 조예가 깊었고 악기와 바둑 등 다양한 취미를 즐길 정도로 예술가적인 면모를 갖춘 사람이었습니다. 나혜석에게 예술에 관한 대화가 잘 통했던 최린은 뿌리치기 힘든 유혹이었어요. 그렇게 통하는

최린

부분이 많았던 최린과 순식간에 사랑에 빠진 듯합니다.

그러다 문득 정신이 번쩍 든 나혜석은 '남편과 자식이 있는데 이래서는 안 된다' 생각하고 몇 개월간 지속한 최린과의 불륜 관계를 깨끗이 정리했습니다. 그런데 프랑스에서는 끝났던 일이 3년 후, 조선에서 엄청난 파문을 몰고 왔습니다.

세계 여행을 마치고 조선으로 귀국한 이후, 사실 나혜석 부부는 경제적 위기를 겪고 있었습니다. 많은 나라를 다니며 사비도 많이 사용했기 때문입니다. 남편 김우영의 변호사 개업 비용까지 쓰게 되자 생계는 더욱 쪼들렸습니다. 나혜석은 전시회를 열어 그림을 팔려고 노력했지만, 가세는 점점 더 기울기만 했지요. 팍팍한 살림

에 네 명의 자식을 키워야 하는 상황에서 나혜석의 근심은 날이 갈수록 커질 수밖에 없었습니다.

이때 나혜석이 그 답답함을 털어놓게 된 남자가 있었습니다. 다름 아닌 프랑스에서 몰래 만났던 최린이었지요. 최린에게 편지를 써서 고민을 이야기했던 거예요. 그런데 이 편지 한 장이 파란의 물결을 일으키고 말았습니다. 나혜석이 최린에게 편지를 쓴 사실을 남편 김우영이 알게 되었기 때문입니다. 그는 대체 어떻게 이 사실을 알게 되었을까요?

알고 보니 나혜석에게 편지를 받은 최린이 그 사실을 지인에게 털어놓은 것입니다. 이 이야기가 흘러 흘러 남편 김우영의 귀에까지 들어갔고, 결국 숨겨왔던 과거 나혜석과 최린의 불륜 관계까지 드러나게 되었지요. 편지 한 장으로 이 모든 일을 알게 된 김우영은 나혜석에게 분노를 넘어, 지독한 배신감까지 느낍니다. 불륜을 저지른 나혜석을 도저히 용서할 수 없었기에 나혜석과 결판을 내기 위해 경성에서 부산으로 곧장 내려왔어요. 그러고는 아내 나혜석에게 말했습니다.

"우리 이혼합시다!"

절절했던 구애는 눈 녹듯 사라지고 냉정하게 이혼을 선언해 버린 것입니다. 남편의 이혼 요구에 나혜석은 어떻게 반응했을까요? 놀랍게도 지금까지의 나혜석과는 180도 다른 모습을 보입니다. 이혼하지 말자고 애원하며 김우영을 붙잡았습니다. 남편의 마음을 돌리기 위해 무릎을 꿇고 빌면서 자존심도 내려놓고 잘못을 인정하며 간절히 용서를 구했습니다.

나혜석이 이렇게까지 한 이유는 바로 자식들 때문이었습니다. 당시에는 이혼하면 법적으로 친권과 양육권을 모두 아버지가 가졌습니다. 남편의 허락 없이는 아이들의 얼굴도 볼 수 없었지요. 네 명의 어린 자식을 두었던 그녀는 이대로 영영 아이들을 보지 못하게 될 수도 있으니 필사적으로 이혼을 막아야만 했습니다. 심지어 상상할 수 없는 말까지 하며 애원했어요.

"당신이 원하는 현모양처의 삶을 살겠습니다."

나혜석의 입에서 현모양처라는 말까지 나온 것입니다. 나혜석은 어려서부터 현모양처를 비판해 왔습니다. 남성에게는 현부양부라는 규범은 없으면서 여성에게만 현모양처를 강요한다고 비판했었지요.

"양부현부良夫賢父의 교육법은 아직도 듣지 못하였으니, 다만 여자에 한하여 부속물된 교육 주의라."

〈이상적 부인〉

그랬던 나혜석이 현모양처가 되겠다고 한 것은 자신의 소신과 예술가로서의 삶까지 포기하고 아이들과 함께하겠다고 다짐한 것이었어요. 여성에게 가해진 불합리한 잣대를 부수며 자기만의 인생을 스스로 개척해 온 신여성 나혜석은 인생의 갈림길에서 깊이 고뇌했습니다.

경성을 뒤흔든
이혼고백장과 위자료 청구 소송

하지만 나혜석의 간절한 애원에도 김우영의 입장에는 변함이 없었습니다. 그럼에도 이혼하겠다며 쐐기를 박고는 부산을 떠나 경성으로 돌아갔어요. 다급해진 나혜석은 남편 김우영이 머물던 경성의 여관까지 찾아갔지요. 그런데 이때 여관방에서 나혜석의 뒤통수를 가격하는 듯 정신을 혼미하게 만드는 소리가 흘러나왔습니다.

> "김우영이 있는 사랑에서는 기생을 불러다가 흥이냐 흥이냐 놀며 때때로 껄껄 웃는 소리가 스며 나왔다."
>
> 〈이혼고백장〉

나혜석을 충격에 빠뜨린 소리는 껄껄대며 즐겁게 웃는 남편 김우영과 기생의 목소리였습니다. 나혜석의 남자 문제를 지적하며 이혼을 요구했던 남편 김우영은 경성에 기생 애인을 두고, 다른 여

성과도 살림을 차리고 있었습니다. 아니나 다를까 이 당시 남성의
외도는 큰 문제가 되지 않았습니다. 그때의 간통죄는 여성, 그것도
유부녀만 처벌하는 법이었던 것만 보아도 사회 분위기가 어땠는
지 알 수 있지요. 나혜석은 경성에 있어봤자 남편과 예전 같은 관
계로 돌아갈 수 없다고 생각하고 부산으로 돌아갔습니다.

이때부터 남편 김우영의 편지가 이틀에 한 번씩 날아들었습니다.

"이혼해 주지 않으면, 간통죄로 고소하겠소!"

이혼을 독촉하는 이 편지는 오
랫동안 나혜석을 괴롭혔습니다.
남편의 끈질긴 요구를 이기지 못
한 나혜석은 결국 1930년 11월,
이혼 서류에 도장을 찍고 맙니다.
11년간의 결혼 생활에 종지부가
찍히는 순간이었습니다. 핏덩이
같은 자식들을 두고 떠나야 했던
나혜석의 심정은 어땠을까요? 아
이들이 눈에 밟혀 가슴이 찢어지
는 듯한 참혹한 심정이지 않았을
까요?

이혼 후, 초라한 신세가 된 나
혜석은 4년 뒤 또다시 세상을 한

이혼 직전 자녀들과 찍은 사진 수원시립미술관
제공

바탕 뒤집어 놓는 파격적인 글을 발표했습니다.

> "조선 남성 심사는 이상하외다. 자기는 정조 관념이 없으면서 처에
> 게나 일반 여성에게 정조를 요구하고 또 남의 정조를 빼앗으려고
> 합니다."
>
> 〈이혼고백장〉

'자기는 정조 관념이 없으면서, 아내나 여성에게만 정조를 요구하는 조선 남성은 이상하다' 이건 누군가를 겨냥한 글 같지 않나요? 맞습니다. 바로 김우영이었습니다. 똑같이 불륜을 저질러 놓고도 나혜석 탓만 했던 전 남편의 뻔뻔함을 정면으로 비판한 것이었지요. 더 나아가 여성에게만 정조를 강요하는 조선 사회도 강력히 비판하는 내용이었습니다.

그런데 나혜석이 쓴 글의 제목이 더욱 놀랍습니다. '이혼고백장'이라는 제목에서 보듯 나혜석은 남편 김우영과의 결혼부터 이혼까지, 남들은 숨기기 급급했을 이혼의 모든 과정을 고백하듯 적어 발표했어요. 당시 여학생들이 이 글이 실린 잡지를 보고 있으면 부모가 빼앗아 찢고 불에 태웠다는 이야기가 남아 있을 정도니 매우 큰 파장을 불러일으켰음을 알 수 있지요.

나혜석은 자신이 처한 상황이 단순히 개인적 차원의 문제가 아니라 조선 여성에게 가해지는 성차별이자 구조적 억압의 결과라

고 생각했습니다. 그녀의 거침없는 행보는 여기서 멈추지 않았어요. 그로부터 한 달 뒤, 다시 한번 충격적인 사건을 벌였습니다.

"여류화가 나혜석 씨

최린 씨 상대 제소

처권 침해에 대한 위자료 청구

19일 오후 정식 수속"

<동아일보> 1934년 9월 20일

나혜석이 최린을 상대로 위자료 청구 소송을 건 것입니다. 소송의 핵심 내용은 크게 '최린이 나의 정조를 유린했다!', '최린이 아무런 책임을 지지 않았다!' 두 가지였습니다. 나혜석과 최린의 불륜 스캔들이 터졌을 당시, 최린은 간통죄로 명예가 실추될 것을 우려해 나혜석에게 이혼을 종용했으며 심지어 나혜석에게 "이혼하고 와라! 그러면 책임져 주겠다"고 이야기하기까지 했다는 것이었습니다.

과연 이 소송은 어떤 결말을 맞았을까요? 나혜석이 결국 소송을 취하하는 것으로 결론이 났습니다. 사회적 체면을 더는 잃기 싫었던 최린이 나혜석에게 일정 금액을 주고 소송을 취하할 것을 요구했거든요. 위자료 청구 소송 사건은 최린이 금전적 책임을 일부 지는 것으로 일단락되었습니다. 하지만 이후에도 최린의 상황은 크

게 변한 게 없었습니다. 이 일로 법적인 처벌을 받거나 사회적으로
어떤 타격도 입지 않았지요.

시대를 앞서간
신여성의 외로운 죽음

〈이혼고백장〉 발표에 이어 연이은 위자료 소송까지! 조선 사회
에 엄청난 파문을 일으키며 경성의 스캔들 메이커로 떠오른 나혜
석은 최린과는 달리 계속해서 많은 사람에게 손가락질을 받았습
니다. 왜 이렇게까지 사회적인 비난을 받아야만 했을까요? 나혜석
이 여성에게만 정조를 강요하는 당시의 통념을 대놓고 비판했기
때문입니다.

> "세상의 모든 신용을 잃고 모든 공분과 비난을 받으며 부모 친척의
> 버림을 받고 옛 좋은 친구를 잃은 나는 황야를 헤매고, 암야에 공막
> 空漠을 바라고 자실自失하여 할 뿐입니다."
>
> 〈이혼고백장〉

이후 생계를 위해 펼친 예술 활동도 번번이 실패로 끝날 수밖에
없었습니다. 소중한 네 명의 아이들, 평생 일궈온 재산과 예술가의

명성까지, 그야말로 한순간에 모든 것을 잃고 비참한 신세가 된 나혜석은 세월이 흐르며 영영 잊히는 듯했습니다.

15년 후인 1949년, 뜻밖의 곳에서 그녀의 소식이 전해졌습니다.

본적: 미상

주소: 미상

성별: 여, 성명: 나혜석, 연령: 53세

인상: 신장 4척 5촌, 두발 장長, 수족 정상,

　　입 코 눈 귀 정상, 체격 보통, 기타 특징 무

착의著衣: 고의古衣

소지품: 무

사인: 병사

사망장소: 시립자제원

사망년월일: 단기 4281년 12월 10일

《관보》 제56호

국가 기관지인 《관보》에 사망 소식이 실린 것이었지요. 그것도 무연고자 시신을 찾아가라는 공고란에 이름이 올라온 거예요.

나혜석은 〈이혼고백장〉 발표 이후 너무나 많은 사회적 질타를 받았고 아이들을 보지 못하게 되면서 그 좌절감이 온몸을 갉아 먹었습니다. 그러면서 몸에 마비가 와 그림을 그릴 수도 없었지요.

결국 몸과 마음이 망가진 채 길을 떠돌다가 쓸쓸하게 홀로 죽음을 맞이했습니다. 그리고 끝까지 시신을 찾는 이 하나 없이 무연고자로 처리된 채 화장되고 말았습니다. 생을 마감했을 당시 그녀의 나이는 53세였습니다. 한때 경성에서 가장 주목받던 여성이었고 최초의 여성 서양화 화가, 최초의 여성 미술 전시회 개최자, 최초의 여성 세계 여행자 등 화려한 타이틀을 모조리 휩쓸었던 나혜석의 쓸쓸한 마지막이었습니다.

한 세기 전, 여성의 자아실현을 고민했던 시대를 앞서간 예술가. 나혜석은 좋은 집안에서 태어나 명문고등학교를 수석으로 졸업할

이혼 후 작품에 몰두하던 시기 나혜석의 모습(1933년 추정) 수원시립미술관 제공

정도로 능력이 있었지만 그 재능을 펼치기에는 당시 상황이 여의치 않았습니다. 여성이 발휘할 수 있는 능력을 제한하는 시대의 한계에 도전했다가 오히려 비애와도 같은 삶을 살다갔지요. 하지만 나혜석은 이를 모두 예견한 듯합니다. 자신의 상황과 미래의 평가에 대한 글을 남겼거든요.

> "내 몸이 불꽃으로 타올라 한 줌 재가 될지언정
> 언젠가 먼 훗날 나의 피와 외침이 이 땅에 뿌려져
> 우리 후손 여성들은 좀 더 인간다운 삶을 살면서 내 이름을 기억할 것이라."
>
> 〈이혼고백장〉

여자이기 전에 한 인간이기를 열망했던 나혜석의 고군분투는 결코 헛되지 않았습니다. 그녀가 오늘날 태어났다면 뛰어난 재능으로 인정받으며 살아갈 수 있지 않았을까요? 여성을 향한 엄한 규범 속에서 여러 충돌을 겪고 지나친 비난을 받아온 나혜석에 대해 새롭게 생각해 보기를 바라며 이야기를 마무리하겠습니다.

6장

벌거벗은
저항시인

신주백(연세대학교 국학연구원 전문연구원)

윤동주의 시는 어떻게
일본인의 마음마저 울렸나

이솝우화 〈해와 바람〉 이야기를 아시나요? 어느 날 해와 바람이 지나가는 나그네를 보고 누가 먼저 겉옷을 벗기는지 겨루는 내기를 합니다. 바람은 있는 힘껏 바람을 일으켰지만 나그네는 바람이 불수록 겉옷을 꽁꽁 여몄습니다. 결국 지친 바람은 포기하고 말았어요. 그러자 해가 나그네를 향해 따뜻한 빛을 비추었습니다. 포근한 햇빛이 쏟아지자 나그네는 더위를 느꼈고 이내 겉옷을 벗어 버렸습니다. 승리는 해에게로 돌아갔지요.

힘으로 굴복시키는 방법보다 더 효과적인 것은 마음을 움직이는 말과 행동일 겁니다. 일제강점기에 일본은 우리나라를 무력과 공포로 굴복시키려 했지만 식민 지배 내내 독립운동은 끊이지 않왔습니다. 앞에서 살펴본 것과 같이 만세 시위를 펼치기도 하고, 무장투쟁을 실행하는 등 여러 방법으로 이어졌지요.

이 같은 저항은 문화예술 분야에서도 이루어졌습니다. 쉬운 우리말로 진솔한 감정을 표현해 지금까지도 많은 사랑을 받는 시인 윤동주가 독립운동가이기도 했다는 사실, 알고 있나요? 더 놀라운 사실은 독립운동을 펼친 그의 시가 2017년 새로 개정된 일본의 고등학교 교과서에 실렸다는 점입니다. 일본 교토의 도시샤대학교와 그 인근에는 윤동주를 기리는 시비가 무려 세 개나 남아 있기도 하지요. 무력을 써서 투쟁하던 방법과는 또 다르게 '시'를 통해 일본인들의 마음을 움직인 거예요.

항일 문학 작품을 썼다는 이유로 감옥에 갇혔던 윤동주. 그의 시에는 식민지 지식인이 겪어야 했던 고뇌와 갈등이 짙게 배어 있었습니다. 그 때문에 그의 시집이 세상에 공개조차 되지 못하고 사라질 뻔했었지요. 그의 시가 세상에 나오게 된 데는 드라마보다 더 드라마 같은 사연이 숨겨져 있답니다.

저항시였기에 일제에 의해 사라질 뻔했던 윤동주의 시! 그의 시는 어떻게 사라지지 않고 남아 세상에 공개될 수 있었을까요? 또 어쩌다 일본 교과서에까지 실리게 된 걸까요? 죽는 날까지 하늘을 우러러 한 점 부끄럼 없이 살고 싶었던 저항시인 윤동주의 인생을 벗겨보겠습니다.

깨어 있던 마을,
고향 북간도의 명동촌

　윤동주가 자신의 삶에 관해 직접 밝힌 일기나 기록은 남아 있지 않습니다. 그래서 그가 남긴 시와 주변 사람들의 증언을 통해 짐작해 볼 수 있는데요. 윤동주가 세상에 유일하게 남긴 시집《하늘과 바람과 별과 시》와 주변 사람들의 이야기를 살펴 그가 어떤 사람이었는지, 또 어떤 삶을 살았는지 알아보려 합니다.

　　별 헤는 밤

　　계절이 지나가는 하늘에는
　　가을로 가득 차 있습니다.

　　나는 아무 걱정도 없이
　　가을 속의 별들을 다 헤일 듯합니다.

　　가슴속에 하나둘 새겨지는 별을
　　이제 다 못 헤는 것은
　　쉬이 아침이 오는 까닭이요,
　　내일 밤이 남은 까닭이요,

아직 나의 청춘이 다하지 않은 까닭입니다.

별 하나에 추억과

별 하나에 사랑과

별 하나에 쓸쓸함과

별 하나에 동경과

별 하나에 시와

별 하나에 어머니, 어머니,

(중략)

그러나 겨울이 지나고 나의 별에도 봄이 오면

무덤 위에 파란 잔디가 피어나듯이

내 이름자 묻힌 언덕 위에도

자랑처럼 풀이 무성할거외다.

(후략)

1941년 11월 5일 作

〈별 헤는 밤〉은 윤동주가 연희전문학교에 다니던 시절에 밤하늘에 가득 떠 있는 별들을 보면서 어머니와 고향을 그리워하면서 쓴 시로 알려져 있습니다. 그렇다면 윤동주가 별을 바라보며 그리워하던 고향은 어디일까요?

일제강점기였던 1917년 12월 30일, 윤동주는 지금의 중국 길림

성, 북간도 만주의 명동촌^{明東村}에서 태어났어요. 밝을 명^明, 동녘 동^東을 쓴 명동촌은 동방의 나라, 한반도를 밝히는 마을이라는 뜻입니다. 국운이 기울어지던 조선의 상황을 지켜본 몇몇 유학자들이 민족의 밝은 미래를 도모하기 위해 이주해 세운 마을이지요.

이 당시 우리 민족이 해외에 나가면 제일 먼저 한 일이 거주지를 만드는 동시에 자녀들을 위한 학교를 세우는 것이었습니다. 이 명동촌에도 명동소학교가 만들어졌어요. 1900년대 초에 서당은 많았으나 학교가 많지는 않았기에 굉장히 선구적인 행동이라 할 수 있지요. 명동촌이 사상적으로 깨어 있는 마을이었음을 알려주는 또 한 가지 특징이 있습니다. 교회가 중심이 된 마을이어서 교육과 종교로 이룬 생활 공동체가 형성되어 있었다는 것인데요. 명동촌 사람들은 공동체 생활을 하면서 함께 어려움을 헤쳐나갔어요. 윤동주는 높은 교육열과 기독교의 영향으로 신학문에도 깨어 있었던 선구적인 마을에서 자라났습니다.

지금도 윤동주의 고향 북간도 명동촌에는 그의 생가가 남아 있습니다. 2023년 10월, 보수공사를 마치고 재개관했지만 곳곳이 허물어져 있고, 불도 들어오지 않아 방치되고 있습니다. 문에 걸려 있던 '시인 윤동주 생가'라고 적힌 현판마저 바닥에 이리저리 굴러다니고 있는 안타까운 상황이지요. 윤동주뿐만 아니라 여러 독립운동가와 관련된 장소들이 이렇게 방치되며 잊히는 경우가 빈번합니다. 우리의 관심이 사라질 때 의미 있는 장소들의 빛도 흐릿해

지겠지요? 우리가 더욱 관심을 가지고 보존에 힘써야 하는 이유입니다.

황량한 지금과는 달리 윤동주가 살았던 당시 명동촌은 무척이나 아름다운 모습이었다고 합니다. 우리가 잘 알고 있듯이 윤동주의 작품에는 하늘, 바람, 별이 자주 등장합니다. 그의 고향인 명동촌의 아름다운 자연환경에서 영향을 받아 탄생한 시어지요.

그렇다면 천혜의 자연환경을 자랑하던 명동촌에서 나고 자란 윤동주의 학창 시절은 어땠을까요? 윤동주가 중학교 시절 친하게 지낸 친구가 남긴 증언을 한번 보겠습니다.

> "동주는 재봉틀질을 참 잘했어요. 그래서 학교 축구부원들 유니폼에 넘버를 다는 것을 모두 동주가 집에 갖고 가서 제 손으로 직접 박아 왔었지."
>
> 문익환 목사의 회고

윤동주의 고향 친구이자 훗날 민주화운동과 남북 통일운동에 앞장선 인물, 문익환 목사가 남긴 말입니다. 문익환 목사는 명동촌에서부터 중학교 시절까지 윤동주와 함께 학교에 다닌 친구였어요. 그가 증언하듯 윤동주는 친구들의 유니폼에 손수 번호를 새겨 줄 만큼 섬세하고 손재주도 좋은 아이였습니다. 정도 깊고 친구들을 챙길 줄 아는 이타적인 성격이었지요.

어린 윤동주의 마음을
사로잡은 문학

1934년 겨울 무렵 윤동주가 일생일대의 큰 결심을 하게 된 사건이 생깁니다. 윤동주에게는 명동촌에서 태어나 한 지붕 아래에서 한솥밥을 먹으며 자란 사촌이자 동갑내기 친구 송몽규가 있었어요. 두 사람은 실과 바늘처럼 함께 어울려 다니며 문학 잡지를 읽곤 했습니다. 두 사람은 잡지가 너덜너덜해질 때까지 읽고 또 읽을 정도로 문학에 푹 빠져 있었지요. 그런데 서로 교류하면서 때로는 경쟁한 학문적 동지 송몽규가 윤동주보다 한발 앞서 짧은 단편 수필 〈숟가락〉을 써 동아일보 신춘문예 콩트 부문에 당선된 거예요.

숟가락

우리 부부는 인제 굶을 도리밖에 없었다.
잡힐 것은 다 잡혀먹고 더 잡힐 것조차 없었다.
〈아-여보! 어디 좀 나가 봐요!〉 안해는 굶었건마는 그래도 여자가 특유한 뾰루퉁한 소리로 고함을 지른다.
〈……〉 나는 다만 말없이 앉어 있었다. 안해는 말없이 앉어 눈만 껌벅이며 한숨만 쉬는 나를 이윽히 바라보더니 말할 나위도 없다는 듯이 얼굴을 돌리고 또 눈물을 짜내기 시작한다. 나는 아닌 게 아니라 가슴이 아팠다. 그러나 별수 없었다.

둘 사이에는 다시 침묵이 흘렀다.

(후략)

시와 소설을 써 문학가의 길을 걷고자 한 사람들의 첫걸음이자 등용문으로 기능한 것이 바로 '신춘문예 당선'이었습니다. 내성적이고 조심성이 많았던 윤동주와는 달리 송몽규는 굉장히 외향적이고 새로운 일에 도전하기를 주저하지 않는 행동파였어요. 중학생이었던 당시 어린 나이에도 진취적으로 자신의 미래를 개척해 나가는 친구 송몽규의 모습을 보면서 윤동주도 엄청난 자극을 받지 않았을까요?

이때부터 윤동주도 본격적으로 시인의 길을 걷겠다고 결심한 것 같습니다. 윤동주는 송몽규의 신춘문예 당선 소식을 듣고 한 달여 만에 〈초 한 대〉, 〈삶과 죽음〉, 〈내일은 없다〉까지 무려 세 편의 시를 완성해냈습니다.

삶과 죽음

삶은 오늘도 죽음의 서곡을 노래하였다.
이 노래가 언제나 끝나랴

세상 사람은

뼈를 녹여내는 듯한 삶의 노래에

춤을 춘다.

사람들은 해가 넘어가기 전

이 노래 끝의 공포를

생각할 사이가 없었다.

하늘 복판에 아로새기듯이

이 노래를 부른 자가 누구냐.

그리고 소낙비 그친 뒤같이도

이 노래를 그친 자가 누구뇨.

죽고 뼈만 남은,

죽음의 승리자 위인들!

1934년 12월 24일 作

　중학생 윤동주는 어떤 심정으로 이 시를 썼을까요? 청소년기는
자신이 무엇을 해야 할지 몰라 불안감을 가지는 동시에 처음으로
죽음을 삶과 연결해 사고하는 시기입니다. 윤동주 역시 청소년기
를 지나며 스스로 삶과 죽음에 관한 철학적 물음을 던지고 스스로
답했다고 볼 수 있습니다.

　또 이 시를 쓴 시점에 일제는 만주사변을 일으켜 만주 지역을 점

령하고 그곳에 살고 있던 조선인들을 핍박하고 있었어요. 이 때문에 윤동주가 살던 북간도 만주에서는 일제에 맞선 조선인의 무장 투쟁이 활발하게 일어났지요. 그래서 그가 분쟁 지역에 살면서 보고 느낀 일제의 잔혹함, 암울했던 시대적 분위기가 시 속에 녹아 있기도 합니다.

송몽규의 신춘문예 당선 소식을 들은 무렵부터 윤동주의 시에는 한 가지 특징이 생겼습니다. 이때부터 자신의 시에 날짜를 꼭 써두기 시작한 것입니다. 왜 그랬을까요? 화가들이 자신의 그림에 낙관을 찍듯 윤동주 역시 시에 날짜를 기록함으로써 본격적으로 시의 세계에 진입하겠다는 의지를 담아내지 않았을까 추측해 볼 수 있습니다.

그런데 윤동주가 스무 살이 되던 1937년, 윤동주에게 심상치 않은 일이 벌어집니다.

"싫습니다!"

평소 조용하고 어른들 말씀에 고분고분 순응하던 윤동주가 아버지가 한 말에 반발하며 큰소리를 낸 것입니다. 아버지가 대체 무슨 말을 했길래 이런 반응을 보인 걸까요? 사실 윤동주는 시인이 되겠다고 결심한 이후, 문학을 체계적으로 배울 수 있는 상급학교에 진학하려 했습니다. 그런데 아버지가 그에 반대하며 의과에 가서 의사가 되라고 한 것입니다.

"이 시대에 네가 문학을 해서 뭘 먹고 살겠냐! 문학을 한다면 기

윤동주의 명동소학교 졸업 사진 1931년 봄에 명동소학교를 졸업하면서 찍은 사진으로 두 번째 줄 우측 끝에 서 있는 아이가 윤동주, 그로부터 한 사람 건너 서 있는 아이가 송몽규 다. 연세대학교 윤동주기념관 제공.

껏 해봐야 신문기자밖에 더 되겠냐!"

예나 지금이나 먹고사는 문제가 직업을 선택하는 데 매우 중요한 기준이었나 봅니다. 그러나 윤동주는 몇 개월 동안 아버지와 대립을 이어가면서도 문과에 가겠다는 고집을 꺾지 않았습니다. 심지어 윤동주는 아버지가 퇴근할 시간이 되면 집을 나가 산과 강을 헤매다가 깜깜한 밤이 되어서야 돌아와서 조용히 잠을 자곤 했어요. 이것이 조용한 성격이었던 윤동주가 할 수 있는 최선의 반항 아니었을까요?

시인의 의지를 꽃피운
슬기로운 연희전문학교 생활

그렇게 몇 달이 흘러 윤동주와 윤동주 아버지의 기나긴 싸움이 드디어 끝이 납니다. 윤동주가 원하던 대로 오늘날 서울 연세대학교의 전신, 연희전문학교 문과에 입학한 것입니다. 팽팽했던 부자간의 갈등을 끝낼 수 있었던 건 윤동주 할아버지의 도움 덕분이었습니다. 할아버지가 "정작 공부할 사람인 동주가 의사가 되긴 싫고, 문과를 하겠다는데 어찌하겠냐?"라며 아버지를 설득해 주었거든요.

고향인 북간도에서만 지내 온 윤동주는 연희전문학교에 입학하

연세대학교 핀슨관(윤동주 기념관)과 윤동주 시비 연세대학교 홍보팀 제공

며 일제 치하의 현실과 가장 맞닿아 있는 경성으로 유학을 오게 됩니다. 명동촌은 북간도에서도 특히나 시골이었어요. 그러니까 시골 출신 촌뜨기 학생이 도시화된 경성에 와 전혀 다른 세상을 만나게 된 것이었지요. 일제가 지배하는 핵심 공간이었기에 많은 일본인을 보게 되었을 뿐 아니라 전국 각지에서 올라온 친구들과 만나 다양하고 열린 대화를 나눌 수 있었습니다. 윤동주와 함께 연희전문학교에 합격해 경성에 온 사람이 있었습니다. 예상되는 인물이 있지요? 맞습니다. 윤동주의 친구이자 라이벌 송몽규였어요.

입학과 동시에 윤동주는 기숙사 핀슨홀에 들어갑니다. 핀슨홀은 지금도 연세대학교 안에 '윤동주 기념관'으로 남아 당시의 모습을 그대로 간직하고 있어요. 윤동주가 남긴 육필 원고도 보관되어 있으니 시간 내어 한번 방문해 보기를 바랍니다.

신입생 윤동주는 핀슨홀 제일 꼭대기 층인 3층 방을 배정받았습니다. 윤동주는 이 방에서 창밖을 멍하니 내려다보며 시상을 떠올리곤 했지요. 아버지의 반대를 무릅쓰고 원하는 길을 걷게 된 그는 이때 어떤 마음이었을까요?

새로운 길

내를 건너서 숲으로
고개를 넘어서 마을로

어제도 가고 오늘도 갈

나의 길 새로운 길

민들레가 피고 까치가 날고

아가씨가 지나고 바람이 일고

나의 길은 언제나 새로운 길

오늘도…… 내일도……

내를 건너서 숲으로

고개를 건너서 마을로

1938년 5월 10일 作

    〈새로운 길〉은 윤동주가 연희전문학교에 입학해서 처음 쓴 시로 설레는 마음이 그대로 느껴지는 작품입니다. 대학 시절 윤동주는 절친한 송몽규, 연희전문학교 동문 강처중과 일명 '핀슨홀 3인방'을 형성해 가깝게 지냈습니다. 이때 윤동주는 친구들과 함께 잔디에 모여 앉아 틈날 때마다 문학에 대해 이야기를 나누며 즐거운 시간을 보냈습니다.

    윤동주는 학업도 소홀히 하지 않았는데요, 여러 수업 중에서도 그가 가장 열심히 들은 수업은 바로 국어학자이자 연희전문학교의 교수였던 외솔 최현배의 '우리말본' 강의였습니다.

"외솔 선생의 우리말본 강의를 들었을 때 우리는 얼마나 감격했고
또 영광스러웠고 연희 동산이 얼마나 고마운 곳인가를 뼈저리게 느
꼈다. 동주가 얼마나 그 강의들을 열심히 들었는지, 항상 앞자리에
앉던 동주의 모습이 지금도 눈에 선하게 떠오른다."

유영, 〈연희전문 시절의 윤동주〉

우리말본 강의는 국어의 문법을 모두 모은 오늘날의 국어사전

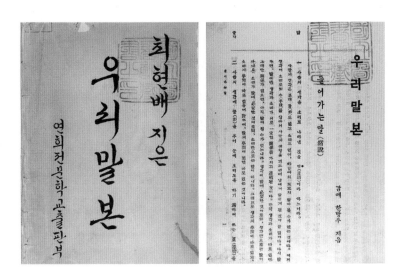

《우리말본》 국어학자 최현배가 국어의 문법 체계를 집대성하여 1937년에 간행한 문법서.
'국어는 우리 민족의 생각과 행동을 지배하는 기반'이라는 민족주의 정신에 학문적 기반을
두고 있다. 한국민족문화대백과사전 제공.

같은 책을 보면서 한글이 얼마나 우수한 글자인지 배우는 시간이었어요. 이때 일제는 언어 자체를 학문 차원에서 가르치는 수업은 인정했으나 그것을 가지고 민족의식을 고취하는 말을 하면 처벌했습니다. 최현배 선생은 우리말을 가르치면서 은근히 민족의식을 고취하는 방식을 사용하지 않았을까 합니다.

윤동주는 우리말본 수업을 열심히 들었을 뿐 아니라 꾸준히 습작하며 시 쓰기에도 몰두했어요. 연희전문학교에 입학한 해인 1938년 한 해 동안 〈새로운 길〉을 포함한 여덟 편의 시 그리고 〈산울림〉을 포함한 다섯 편의 동시, 산문 〈달을 쏘다〉를 썼습니다. 그리고 이런 윤동주를 보고 반해 그를 쫓아다니던 사람이 있었어요.

"오뚝하게 솟은 콧날, 부리부리한 눈망울, 한 일—자로 굳게 다문 입, 그는 한마디로 미남이었다. 투명한 살결, 날씬한 몸매, 단정한 옷매무새, 이렇듯 그는 멋쟁이었다."

정병욱, 〈잊지 못할 윤동주〉

이 글을 쓴 인물이 윤동주를 어떻게 생각했는지 느껴지나요? 이 인물은 윤동주가 연희전문학교 3학년 때 만난 후배이자 윤동주보다 다섯 살 어렸던 정병욱입니다. 윤동주도 이 사람을 아주 좋아했습니다. 정병욱은 윤동주가 유일하게 자신의 시에 대한 조언을 이야기하게 한 후배였지요. 윤동주는 후배 정병욱과 가깝게 지내며

윤동주(좌)와 정병욱(우) 연세대학교 윤동주기념관 제공

더욱더 활발하게 시를 썼고 또 그와 시에 대해 많은 이야기를 나눴
다고 합니다. 그렇게 윤동주는 연희전문학교에서 좋아하는 시를
쓰며 아끼는 사람들과 함께 즐거운 시절을 보냈습니다.

돌연 시 쓰기를
중단한 까닭

그런데 윤동주가 스물세 살이 되던 해에 좋아하던 시 쓰기에 돌연 회의감을 느끼게 만드는 일이 벌어집니다. 도대체 무슨 일이었을까요?

선교사가 세운 기독교 학교였던 연희전문학교는 일제가 우리말을 쓰지 못하게 하는 와중에도 꿋꿋하게 한국어 강의를 해 오고 있었습니다. 그런데 일제가 갑자기 한국어 강의를 모조리 없애 버렸고 이때부터는 연희전문학교에서조차 한글을 배울 수 없게 된 것이었지요.

1937년 중일전쟁을 시작한 일제는 전쟁에 조선인을 총동원할 필요성을 느끼고, 일본인과 조선인은 하나라는 내선일체를 내세우며 황국신민화 정책을 펼쳤습니다. 조선인 입장에서 황국신민화 정책은 조선인을 일본 천황의 신민으로 만들기 위한 일종의 민족 말살 정책이었어요. 초·중·고등학교에서 조선말과 조선 역사를 가르치지 못하게 했고, 1940년부터는 이를 대학교 강좌에도 적용했습니다. 오로지 천황에게만 충성하는 조선인을 만들기 위해 일본식 성명으로 바꾸는 창씨개명까지 강요했지요. 이 같은 일제의 통치로 우리말은 일상에서 점점 사라져 갔습니다.

문학도로서 우리글을 쓰지 못한다는 것은 곧 떠오르는 시상을 예리하게 표현할 길이 없어진다는 의미였어요. 이맘때쯤 윤동주가 쓴 시를 한번 볼까요?

서시

죽는 날까지 하늘을 우러러
한 점 부끄럼이 없기를,
잎새에 이는 바람에도
나는 괴로워했다.
별을 노래하는 마음으로
모든 죽어가는 것을 사랑해야지
그리고 나한테 주어진 길을 걸어가야겠다.

오늘 밤에도 별이 바람에 스치운다.

1941년 11월 20일 作

'서시'는 책의 첫머리에서 서문 대신 쓴 시를 말합니다. '별을 노래하는 마음으로 모든 죽어가는 것들을 사랑해야지'에서 '별'은 순수한 이상을 뜻하지요. 그렇다면 시를 마치는 문장, '오늘 밤에도 별이 바람에 스치운다'가 의미하는 바는 무엇일까요? 꿈꾸던 이상이 현실적 조건들에 의해 위협받는 암흑기를 은유 기법으로 표현한 것입니다. 우리 민족을 압박하는 일제의 횡포 속에서도 순수한 열정을 지켜내는 삶을 살고 싶다는 윤동주의 바람이 담겨 있지요.

얼마 뒤 윤동주는 졸업을 앞두고 무언가를 준비하기 시작했습니다. 그것은 일본어가 아닌 우리말로 써 내려간 시집이었어요. 그 시집의 제목이 우리가 잘 알고 있는 '하늘과 바람과 별과 시'입니다. 조선어로 쓰인 시집을 출간하면 잡혀갈 수 있다는 걸 알면서도 그가 시집 출간을 강행하려 했던 이유는 무엇일까요?

> "처음에는 시집 이름을 '병원'으로 붙일까 했다면서 표지에 연필로 '병원'이라고 써넣어 주었다. 그 이유는 지금 세상은 온통 환자투성이기 때문이라 하였다. 그리고 병원이란 앓는 사람을 고치는 곳이기 때문에 혹시 앓는 사람들에게 도움이 될 수 있을지도 모른다고 겸손하게 말했던 것을 기억한다."
>
> 정병욱, 〈잊지 못할 윤동주의 일들〉

당시에는 지금처럼 매체가 많지 않았기에 글을 쓰는 문인들의 영향력이 상당했습니다. 윤동주는 '나처럼 일제 강점기라는 잔혹한 시대에 살며 아파하고 있는 사람들을 시로 위로해 줄 수 있지 않을까?' 생각한 것입니다.

윤동주는 완성한 시집을 들고 지도교수이자 평소 사상적으로 존경하던 이양하 교수를 찾아갔습니다.

"시집을 내지 말거라!"

이양하 교수는 시집 출간은 안 된다며 강력히 반대했어요. 조선어로 된 시집은 황국신민화 정책을 정면으로 거스르는 행위로 간주되어 일제가 용납하지 않을 일이었습니다. 조선어로 쓰인 책은 불온서적으로 취급해 단속했으니까요. 이양하 교수는 아끼는 제자 윤동주의 미래가 걸린 일이기에 만류할 수밖에 없었지요.

윤동주 연세대학교 윤동주기념관 제공

윤동주는 시집 출판이 좌절되고 크게 낙담했다고 합니다. 미리 제본해 둔 세 권의 시집 중 한 권은 윤동주 자신이 가지고, 다른 한 권은 이양하 교수에게, 남은 한 권은 아끼던 후배 정병욱에게 선물하면서 마음을 접을 수밖에 없었어요. 그 후 1941년 12월 27일, 윤동주는 연희전문학교를 졸업했습니다.

창씨개명으로 피어난 부끄러운 마음

연희전문학교를 졸업하고 약 한 달이 흘렀을 때 윤동주는 큰 결심을 하고 〈참회록〉이라는 시를 썼습니다.

'파란 녹이 낀 구리 거울 속에 / 내 얼굴이 남아 있는 것은 / 어느 왕조의 유물이기에 / 이다지도 욕될까. (중략) 내일이나 모레나 그 어느 즐거운 날에 / 나는 또 한 줄의 참회록을 써야 한다. (후략)'

'내 얼굴'을 '어느 왕조의 유물'이라 표현함으로써 망해가는 조선이라는 고통스러운 현실에 몸부림치는 화자의 모습을 그려내고 있습니다. 또 제대로 저항하지 못하고 순응하며 살아가는 모습, 무기력하게 살아가고 있는 자신의 삶을 반성한다는 내용으로 해석할 수 있어요. 윤동주는 대체 왜 이렇게 처절한 반성문을 써야 했을까요? 윤동주의 학적부를 보면, 윤동주가 왜 그토록 괴로워했는지 알 수 있습니다.

'히라누마 도오쥬平沼東柱'

윤동주 연희전문학교 학적부

윤동주의 연희전문학교 학적부에는 윤동주라는 이름 대신 히라누마 도오쥬라는 일본식 이름이 적혀 있었습니다. 창씨개명을 하게 된 것이지요. 시에 쓴 '참회'에는 막연한 후회가 아닌 반성하고 성찰하겠다는 의지가 담겨 있습니다.

그렇다면 이때 윤동주는 왜 이름을 일본식으로 바꾸기로 결심했을까요? 그 이유는 일본 유학을 떠나기 위해서였습니다. 당시 조선에서는 문학을 더 깊이 공부할 공간도, 방법도 없었거든요. 그동안 거부해 온 창씨개명까지 감행하며 선택한 유학은 훗날 더 큰 꿈을 실현하기 위한 어쩔 수 없는 결정이 아니었을까 싶습니다.

당시에는 일본식 이름으로 바꾸지 않으면 아예 일본에 가는 배를 탈 수도 없었습니다. 사실 일본으로의 유학을 결심한 때에도 윤동주는 끝까지 이름을 바꾸려 하지 않았습니다. 마지막까지 버티고 또 버티다가 출국을 앞둔 직전에야 송몽규와 함께 일본식 성명으로 바꾸었다고 하지요.

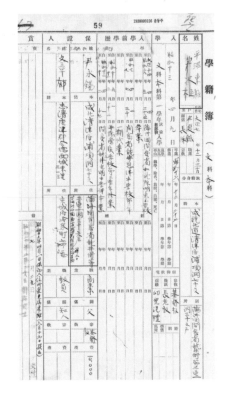

윤동주 연희전문학교 학적부 윤동주라는 이름에 빨간색 줄이 그어져 있고 히라누마 도오쥬라는 이름이 쓰여 있는 것을 알 수 있다. 연세대학교 윤동주기념관 제공.

〈참회록〉의 원본에는 윤동주의 복잡했던 마음을 알 수 있는 흔적이 남아 있습니다. 원고지 여백을 자세히 보면 '도항증명渡航證明', '생존生存', '비애 금물悲愛 禁物' 등의 글자를 발견할 수 있어요. 평소 윤동주는 머릿속으로 모든 구상을 마친 다음 시를 썼습니다. 그래서 윤동주의 다른 시에서는 이런 낙서를 찾아보기 힘든데요. 이 점을 미루어 봤을 때 윤동주가 〈참회록〉이라는 시를 쓰며 얼마나 깊이 고민했고 감정이 소용돌이쳤는지 짐작할 수 있지요.

치욕을 이겨내고 선택한
일본 유학길

1942년 4월 2일, 윤동주는 마침내 일본 도쿄의 명문대학, 릿쿄 대학교의 문학부 영문과에 입학합니다. 그의 유학 생활은 과연 순탄했을까요? 제국주의에 도취된 릿쿄대학의 분위기를 윤동주는 견디기 힘들었습니다. 입학하자마자 전쟁 중이라는 이유로 릿쿄 대학의 남학생들은 강제로 머리를 밀어야 했고, 매주 한 시간씩 특이한 수업까지 받아야 했습니다. 학생들에게 군사 훈련을 시키는 교련 수업이었지요. 학교 교련장에서 장총으로 사람을 찌르고 무기를 짊어지고 달리는 훈련을 그것도 일본의 현역 장교에게 받아야만 했어요. 윤동주는 교련복 입기를 거부하기도 하고 자신이 믿는 일본인 교수를 찾아가 교련을 거부하고 싶다는 뜻을 밝히기도 했습니다.

어수선한 도쿄의 분위기와 맞지 않는 학업 분위기로 인해 생겨난 사무치는 외로움! 이를 견뎌내기 위해 윤동주는 자신의 심정을 담아 시를 써 내려가기 시작했습니다.

릿쿄대학 유학 당시 윤동주와 친구들 윗줄 우측에 서 있는 인물이 윤동주로 삭발한 모습을 하고 있다. 그와 절친했던 송몽규는 아랫줄 가운데에 앉아 있다. 독립기념관 제공.

쉽게 쓰여진 시

창밖에 밤비가 속살거려
육첩방은 남의 나라,

시인이란 슬픈 천명인 줄 알면서도
한 줄 시를 적어볼까,

땀내와 사랑내 포근히 품긴

보내주신 학비 봉투를 받아

대학 노-트를 끼고

늙은 교수의 강의 들으러 간다.

생각해 보면 어린 때 동무를

하나, 둘, 죄다 잃어버리고

나는 무얼 바라

나는 다만, 홀로 침전하는 것일까?

인생은 살기 어렵다는데

시가 이렇게 쉽게 쓰여지는 것은

부끄러운 일이다.

(후략)

1942년 6월 3일 作

    윤동주는 어떤 마음으로 이 시를 써 내려갔을까요? 이 시에 등
장하는 '육첩방'은 3평 정도 되는 일본의 좁은 다다미방을 말합니
다. 윤동주는 시 안에서 일본을 분명하게 '남의 나라'라고 밝히고

있습니다. 또 부모님이 고향에서 보내준 학비를 받아 강의를 들으러 가는 자신의 처참한 심정을 고백하고 있지요. 그는 '남의 나라이자 일본 제국주의의 중심지 도쿄에서 나 혼자 이렇게 편하게 공부해도 되는 걸까?' 하는 죄책감을 느끼면서 몹시도 괴로운 마음을 고백하고 있었습니다.

릿쿄대학 1학년 첫 학기를 마친 1942년 7월, 윤동주는 여름방학을 맞아 잠시 고향 집을 방문했습니다. 오랜만에 간 고향 집에서 그는 동생들을 불러 앉혀 한 가지를 부탁했어요.

"이제부터 이것들을 꼭 사 모아 두거라."

윤동주가 동생들에게 부탁한 것은 우리말 인쇄물이었습니다. 그는 왜 이런 부탁을 했을까요? 윤동주는 연희전문학교와 릿쿄대학에서 무지막지한 일본의 식민 지배 정책을 온몸으로 경험해왔습니다. 우리말 인쇄물이 언제 사라질지 모르니 우리말로 쓰인 책이 있다면 그게 무엇이건 사 모으라고 한 것이지요. 동생들에게 당부를 마친 윤동주는 고향에서 보름 정도의 짧은 여름방학을 보내고 다시 일본에 돌아갔습니다.

그런데 윤동주가 도착한 곳은 놀랍게도 릿쿄대학이 있는 도쿄가 아닌 교토였습니다. 그가 릿쿄대학교에 입학한 지 약 5개월 만에 돌연 교토에 있는 도시샤대학교의 영문학과로 편입했기 때문입니다. 왜 갑자기 편입을 결정했을까요? 교토는 일본의 전통적인 도시로 도쿄보다 사상적으로 자유로운 분위기가 형성되어 있었습니다. 그리고 의지할 수 있는 친구 송몽규가 교토제국대학교에 재학 중이었기에 그 영향을 받지 않았을까 싶습니다.

1942년 가을, 교토에서 다시 만나게 된 윤동주와 송몽규. 두 사람은 5분 거리에 있는 각자의 하숙집을 자유롭게 오가며 옛날처럼 이야기꽃을 피웠습니다. 하지만 얼마 뒤 윤동주는 또다시 큰 결단을 내립니다. 방학이 되자마자 고향 만주로 돌아가겠다고 결심한 것입니다. 그는 왜 이렇게 급하게 고향에 가려고 했을까요? 일본의 전시체제가 더욱 강화되었고, 1941년 일본의 침략으로 시작된 아시아태평양전쟁이 미국의 반격으로 더욱 격렬해지면서 대학생들도 징병 압박을 받던 상황이었거든요. 시시각각 닥쳐오는 불길한 조짐에 방학 동안만이라도 일본의 전시 상황을 피해 고향에서 머물려고 했던 것입니다.

문학청년은 왜
일제의 표적이 되었나

1943년 7월, 윤동주의 고향 도착 예정일이 다가오자 가족들은 윤동주의 여동생 윤혜원을 두만강 건너의 먼 기차역까지 마중 보냅니다. 윤혜원은 역 근처 친척 집에서 지내며 매일같이 기차역에 나가 오빠 윤동주를 기다렸지만 윤동주는 나타나지 않았습니다.

며칠 후, 가족의 부름을 받고 집으로 돌아간 윤혜원은 청천벽력 같은 소식을 듣게 되었어요. 윤동주가 도쿄에서 일본 경찰에 체포됐다는 소식이었지요. 갑자기 이게 어떻게 된 일일까요?

윤동주가 '조선인 학생 민족주의 그룹 사건'에 연루되었기 때문이었습니다. 이 사건에 얽힌 조선인 유학생은 모두 일곱 명이었습니다. 그러니까 윤동주가 유학 생활을 하던 일본에서 조선인 학생끼리 모여 조선의 독립에 관해 이야기했다는 것이었어요.

사건의 진실은 이러했습니다. 도쿄에서 외롭게 대학 생활을 이어가던 윤동주가 교토에 와서 가장 반가워하고 또 의지한 사람이 있었지요? 사이가 각별했던 친구 송몽규였습니다. 그런데 이때 송몽규는 일본 경찰의 감시 대상이었어요. 사실, 송몽규는 평범하지 않은 중등 교육 과정을 거친 사람이었습니다.

1935년에 백범 김구가 미래의 한인 독립군 장교를 양성한 학교인 중국의 중앙군관학교 낙양분교에 2기로 입학한 학생이었지요. 일제는 이 사실을 알고 있었고 그때부터 송몽규는 일본이 말하는 '불령선인', 즉 식민 통치에 반대하는 불온한 조선인이 되어 있었습니다. 그래서 일본 경찰로부터 일거수일투족을 감시당하고 있었어요.

송몽규 연세대학교 윤동주기념관 제공

송몽규를 감시하던 일본 경찰의 눈에 띈 또 다른 조선인이 바로 송몽규의 사촌이자 오랜 친구인 윤동주였습니다. 일본 경찰이 이 두 사람을 몰래 미행한 기간은 무려 1년이나 되었습니다. 하지만 감시당한다는 사실을 꿈에도 몰랐던 윤동주와 송몽규! 두 사람이 조선인 친구들과 모여 자연스럽게 나눈 이야기, 관심 있게 읽은 책이 무엇과 관련이 있었을까요? 당연히 민족의 장래, 조선 독립과 연관된 것이지 않았겠습니까? 윤동주와 송몽규의 뒤를 몰래 밟던 일본 경찰이 이런 대화를 빌미로 삼아 윤동주를 체포한 것이었습니다.

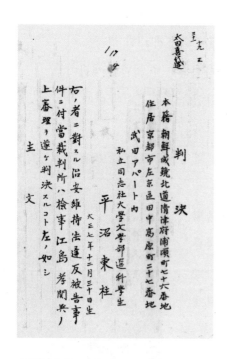

윤동주 판결문 학생 윤동주에 대한 치안유지 위반 피고 사건 판결문. '윤동주가 조선이 제국통치권의 지배를 이탈해 독립 국가를 건설하게 했다'를 판결의 이유로 들고 있다. 독립기념관 제공.

사실 윤동주와 송몽규 두 사람의 대화는 예전 같으면 학교 징계도 지나치다고 할 정도로 단순하게 넘어갈 사안이었습니다. 그런데 1941년 일제가 개정한 법, '신치안유지법'이 두 사람의 발목을 붙잡았어요. 이 당시 일제는 원래 7조까지 있었던 치안유지법을 무려 65조로 늘리며 개정했는데요. 신 치안유지법에 따른 두 사람의 죄명은 '일본어가 아닌 조선어로 시를 쓴 죄', '조선 문화의 유지 향상에 힘쓴 죄'였습니다.

1925년에 만들어 조선에도 적용한 이 법을 1941년에 개정한 이유는 무엇일까요? 역시나 전쟁 때문이었습니다. 침략 전쟁에서 패색이 짙어져 간 일본은 더 강력하게 총동원을 밀어붙여야 하는 상황에서 사람들이 저항할까 우려해 법을 강화한 것이었지요. 개정된 법 조항들은 일제가 조금이라도 거슬릴 이야기만 나누어도 적용해 처벌할 수 있었기 때문에 그야말로 귀에 걸면 귀걸이, 코에 걸면 코걸이였습니다. 결국, 윤동주와 송몽규 두 사람은 억지스러운 이유로 2년 형을 선고받고 나란히 후쿠오카 형무소 독방에 투옥됩니다.

별이 된 청년,
그 죽음을 둘러싼 미스터리

형무소에 갇힌 윤동주는 사방이 밀폐된 독방에 투옥된 채 강제 노역을 해야 했습니다. 그런 그에게는 한 달에 딱 한 번, 가족에게 보내는 한 통의 엽서만이 허락되었지요. 어두컴컴한 독방에서 엽서 한 통에 겨우 자신의 안부를 적어 보내야 했던 윤동주의 심정은 어땠을까요? 도쿄 유학 시절 지낸 '육첩방'도 '남의 나라'로 표현하며 괴로워한 그였으니 시도 쓰지 못하고 갇혀 있는 상황이 너무도 답답하고 가혹하게 느껴졌을 것입니다.

그런데 윤동주가 체포되고 약 2년이 지난 1945년 2월의 어느 날, 매달 가족에게 전해지던 윤동주의 엽서마저도 뚝 끊기고 말았습니다. 그리고 얼마 지나지 않아 윤동주의 고향 집에는 엽서 대신 뜻밖의 충격적인 전보 한 통이 도착했습니다.

"16일 동주 사망. 시체 가지러 오라."

윤동주가 형무소에서 갑자기 사망했다는 소식이었습니다. 너무나 애통하게도 윤동주는 광복을 불과 반년 앞두고 일본 후쿠오카 형무소에서 짧은 생을 마감하고 말았습니다. 일본인 간수가 밝힌 윤동주의 사인은 뇌일혈이었습니다. 건강하던 20대의 청년이 수감 된 지 1년 7개월 만에 뇌혈관이 터져 절명했다? 가족들은 일본인 간수의 말을 곧이곧대로 믿을 수 없었습니다.

가족들이 이 같은 의심을 한 데는 분명한 이유가 있었어요. 윤동주의 시신을 수습하러 간 바로 그날, 윤동주의 당숙이 면회 중 수상한 장면을 목격했기 때문입니다. 푸른 죄수복을 입은 50여 명의 조선인이 복도에 줄지어 서 있는 모습을 목격한 거예요. 그 줄의 끝에는 시약실試藥室이 있었어요. 또 면회 중에 송몽규가 당숙에게 충격적인 말을 전하기도 했습니다.

"나는 안 맞겠다고 하는데, 이들이 자꾸 강제로 주사를 맞게 합니다!"

일본 경찰들이 수감된 조선인들에게 이상한 주사를 맞힌다는 것이었습니다. 그러나 주사 속 약물의 정체를 그 누구도 알지 못했습니다. 지금까지 밝혀진 사실에 따르면 수감자들은 주사를 맞은 전후로 꼭 암산 테스트를 받았다고 해요. 당시 암산 테스트는 새로운 약물에 대한 임상 실험을 진행할 때 부작용을 알아보는 용도로 사용되곤 했습니다. 실험이 반복되는 동안 계산 능력이 차츰 떨어지는데 만약 문제를 다 풀지 못하거나 틀리면 인지능력에 문제가 생겼다고 판단했지요.

수상한 주사부터 암산 테스트까지! 이것이 의미하는 게 뭘까요? 이는 윤동주가 일제의 생체 실험 대상이 됐을 가능성이 크다는 것을 의미했습니다.

윤동주는 정말 일제의 생체 실험 때문에 죽은 걸까요? 당연하게도 후쿠오카 형무소에 그와 관련이 있는 문서가 남아 있지는 않습니다. 어떤 이유로든 진실을 밝혀낼 자료는 모두 없어진 상황입니다. 그러나 한 가지 주목할 점이 있지요. 이 당시 후쿠오카 형무소 근처에는 규슈제국대학교가 있었는데요. 이 규슈제국대학교가 전쟁 중에 잡혀 온 미군 포로에게 바닷물을 수혈하는 생체 실험을 했다는 사실이 밝혀져 있습니다. 가까이에 있던 후쿠오카 형무소도 이와 비슷한 생체 실험을 조선인 수감자에게 했던 게 아닐까 추정할 뿐입니다.

윤동주가 사망하고 한 달 뒤, 안타깝게도 송몽규 역시 후쿠오카

형무소에서 절명하고 말았습니다. 윤동주와 송몽규의 사망 원인
은 아직도 정확하게 밝혀지지 않았어요. 우여곡절 끝에 윤동주의
시신은 돌려받았으나 윤동주가 가진 소지품과 글들은 일본 경찰
이 압수한 뒤 돌려주지 않았습니다. 그렇게 윤동주의 죽음에 관한
미스터리가 풀리지 않은 채 그도, 그의 시도 세상에서 영영 잊히는
듯했습니다.

비로소 세상에 등장해
마음을 울린 그의 시

그런데 윤동주가 사망하고 3년의 세월이 흐른 뒤, 고인이 된 윤
동주와 유족들의 설움을 달래 줄 놀라운 일이 일어납니다. 1948년
1월 30일, 윤동주의 시집이 발간된 것입니다. 그 시작은 1941년 시
집 발간에 실패하며 사라질 뻔했던 윤동주의 육필 원고가 기적적
으로 발견된 순간부터였습니다.

그 육필 원고가 발견된 뜻밖의 장소는 전라남도 광양의 한 가정
집이었습니다. 가정집 마룻바닥 깊숙한 곳 장독에 명주 보자기로
겹겹이 쌓인 채 숨겨져 있었지요. 대체 왜, 또 어떻게 윤동주의 시
집이 한반도 땅끝이나 다름없던 광양에 고스란히 보관되어 있던
걸까요?

과거 윤동주가 졸업을 앞두고 제본한 시집이 총 세 권이었다는 사실을 기억하지요? 한 권은 자신이 가지고 나머지는 이양하 교수와 후배 정병욱에게 한 권씩 주었었지요. 윤동주에게 육필 원고를 받은 정병욱은 3년 후 아시아태평양전쟁의 학도병으로 강제 징집됩니다. 전쟁터로 떠나기 직전! 정병욱은 윤동주의 원고를 들고 집으로 가 어머니에게 윤동주의 시집이니 보관해 달라고 특별히 부탁했던 거예요.

　　그렇게 시간이 흘러 1945년 조국이 해방을 맞이하고 무사히 집으로 돌아온 정병욱이 어머니가 보관한 이 시집을 찾아낸 것이었습니다.

윤동주 유고 보존 정병욱 가옥 정병욱의 아버지가 만든 집으로 윤동주 생전에 써서 정병욱에게 맡긴 원고가 숨겨져 있던 공간이 보존되어 있다. 문화재청 제공.

"내 일평생 가장 잘한 일이 동주의 글을 지킨 것이다. 동주가 즐겨 거닐던 길목에서 동주의 발뿌리에 채이던 돌멩이들은 없어졌다고 하겠으나 동주의 노랫소리는 이 땅의 방방곡곡에 메아리치지 않는 곳이 없게 되었으니 동주는 죽지 않았다고 할 것이다."

정병욱, 〈잊지 못할 윤동주〉

그런데 놀랍게도 윤동주의 시를 보관하고 있던 또 한 사람이 있었습니다. 연희전문학교 '핀슨홀 3인방' 중 한 명! 강처중이었어요. 그는 윤동주의 시뿐만 아니라 윤동주가 일본으로 유학을 떠나면서 남겼던 40권이 넘는 책과 연희전문학교 졸업 앨범을 목숨처럼 소중히 간직했다고 합니다.

"동주는 별로 말주변도 사귐성도 없었건만 그의 방에는 언제나 친구들로 가득 차 있었다. (…) 그는 간도에서 나고 일본 복강에서 죽었다. 이역에서 나고 갔건만 무던히 조국을 사랑하고 우리말을 좋아하더니!"

강처중, 《하늘과 바람과 별과 시》 초간본 발문

후배 정병욱이 광양 고향 집에 보관해 둔 시 열아홉 편과 윤동주가 일본 유학 시절 친구 강처중에게 보낸 시 열두 편! 그렇게 총 서른한 편의 시를 엮은 시집이 탄생했습니다. 시집의 제목은《하늘

과 바람과 별과 시》로 윤동주가 연희전
문학교 시절 그토록 내고 싶어 했던 시집
이 비로소 세상에 공개된 순간입니다.

현재 우리는 윤동주의 남동생 윤일주
와 여동생 윤혜원의 노력으로 탄생한 윤
동주의 시 116편을 모은 1976년판 시집
으로 그의 자취를 확인할 수 있습니다.

오늘날까지도 많은 사랑을 받는 윤동
주의 시가 세상에 나오지도 못할 뻔했다
니, 참으로 아찔하지요? 우리나라의 독
립이 얼마 남지 않은 때에 짧은 생을 마
감했다는 사실이 우리를 몹시 슬프게 합

1948년에 발행된 윤동주의 유고 시
집 《하늘과 바람과 별과 시》 국립한글
박물관 제공

니다. 그러나 윤동주가 살아생전 아낀 가족과 친구의 노력 덕분에
그와 그의 시를 영원히 기억할 수 있게 되었습니다.

저항시인
윤동주를 기억하며

이렇게 세상에 등장해 빛을 보게 된 윤동주의 시가 일본 교과서
에도 실려 있다는 사실을 앞서 이야기했었는데요. 일본에도 윤동

주의 존재를 알린 한 인물이 있었기에 가능한 일이었습니다. 그 인물은 전후 일본 문단을 대표하는 시인 이바라기 노리코茨木のり子입니다. 그녀는 자신의 수필 〈한글로의 여행〉에 시인 윤동주를 존경하는 마음과 윤동주의 사진과 시, 인생에 대한 글을 남겼어요. 그런데 1990년 일본의 한 교과서에 〈한글로의 여행〉이 실리게 되었고, 이로 인해 자연스럽게 윤동주와 그의 시도 일본에 알려지게 되었습니다.

사실, 이에 앞서 윤동주가 일본에 알려진 또 하나의 계기가 있는데요. 1945년에 사망한 윤동주가 왜 체포되었고 어떻게 죽었는지 그 진실을 아는 사람이 없었습니다. 그러다가 1977년과 1979년에 윤동주의 사망과 관련된 자료가 발견되었고 윤동주와 그의 시를 추모하는 일본인 모임이 생겨났어요. 일본 안에서도 과거사를 반성하려는 움직임이 일어나기 시작하면서 1990년대에 이르러서는 조선 침략과 식민 지배를 기록하고 인정하는 일본 교과서도 늘어났습니다. 이렇게 변화된 시대 분위기의 흐름을 따라 윤동주의 시가 일본 교과서에도 소개된 것이라 봅니다.

> "그 무렵은 한글로 시를 쓰는 것 자체가 대단한 저항이었다고 할 수 있다. 그가 반년만 더 생존했더라면, 전후의 고국에서 즉시 선두의 활동을 시작할 인물이었을 것이다."
>
> 이바라기 노리코

일본인의 시선으로 봐도 그 시대에 한글로 시를 써 내려간 윤동주의 의지가 대단하고, 또 그렇게 쓰인 시가 위대하다고 느꼈던 것입니다. 오늘날에도 교토 도시샤대학교에 자리 잡은 윤동주 추모비를 찾는 일본인이 많이 있지요.

윤동주의 시에는 무엇이 있길래 오늘날 우리에게도 유난히 와 닿는 걸까요? 그가 느낀 '부끄러움'이 누구나 살아가면서 종종 마주하는 감정이기 때문일 것입니다. 때때로 불의에 항거하지 못하고 숨어 버린 내 모습이 떠오르기도 하지요. 그런 나에게 일제강점기 저항시인 윤동주가 서정적인 표현으로 솔직하게 고백한 부끄러움이 잘못을 바로잡을 용기를 주고 또 위안이 되기도 합니다. 청년 윤동주가 살아간 시대와 그 안에서 그가 고뇌한 것의 의미를 되새기며 용기를 다지는 시간이 되었기를 바랍니다.

7장

벌거벗은
일장기
말소사건

홍문기(총신대학교 역사교육과 교수)

손기정은 왜 76세가 돼서야
태극마크를 달았나

1936년 8월 9일 오후 3시, 한낮의 뜨거운 태양 아래 독일 베를린에서는 올림픽의 화려한 피날레를 장식할 마라톤 경기가 그 시작을 앞두고 있었습니다. 27개국 56명의 마라톤 선수가 한데 모인 경기장에는 10만 관중의 뜨거운 함성이 가득했지요. 이때 비장한 눈빛으로 레인에 서서 출발을 알리는 총소리만을 기다리는 한 조선인 선수가 있었습니다. 이 선수는 마음속으로 다짐하고 또 다짐하고 있었어요.

'나는 세계 제일이다. 반드시 1등을 할 것이다!'

누구보다 간절한 마음을 되새기고 있는 이 선수는 과연 누구일까요? 그 주인공은 우리나라 최초로 올림픽에서 금메달을 딴 마라토너 손기정입니다. 그는 마음속으로 다짐한 대로 제11회 베를린 올림픽에서 세계 신기록을 세우며 마라톤 대회 1위를 차지했습니다. 그런데 금메달을 목에 건 손기정은 기쁜 내색 없이 슬픈 표정만을 짓고 있었어요. 그가 베를린에서 조선에 있는 친구에게 보낸 엽서에도 '슬프다'라는 말이 적혀 있었지요. 가장 기뻐해야 할 때, 손기정은 왜 슬퍼했을까요? 당시는 일제강점기로, 조선인 선수였던 그는 태극기가 아닌 일장기를 달고 시상대에 올라야 했기 때문입니다.

베를린 올림픽 이후 손기정이 꾸게 된 꿈은 당당하게 가슴에 태극마크를 달고 달리는 것이었습니다. 그날만을 학수고대하며 기

손기정이 베를린에서 보낸 엽서 손기정기념관 제공

다렸지만, 그 꿈은 이룰 수 없었습니다. 올림픽이 끝나고 조선에 돌아오자마자 선수 생활을 은퇴하고 경기장을 떠나야만 했거든요. 그런데 52년이 지나 76세가 되었을 때 그토록 염원하던 태극마크를 달고 달릴 수 있었습니다. 은퇴했던 손기정은 어떻게 76세가 돼서 태극마크를 달았을까요? 조국의 국기가 아닌 일장기를 달고 달려야만 했던 비운의 마라토너 손기정! 영화보다 더 영화 같았던 손기정의 진짜 이야기를 벗겨보겠습니다.

그저 달리는 것이 좋았던 어린아이

1912년, 손기정은 평안북도 신의주 압록강 너머에 있는 작은 마을에서 태어났습니다. 신의주는 한겨울이면 영하 20도까지 내려갈 정도로 추운 곳이었어요. 하지만 이렇게나 추워도 겨울만 되면 이 동네 아이들은 크게 들떴습니다. 꽝꽝 언 압록강에서 스케이트를 탈 수 있었으니까요. 그런데 어린아이였던 손기정은 친구들이 신나게 스케이트를 타는 모습을 옆에서 그저 부러운 눈으로 구경할 수밖에 없었습니다. 너무 가난해서 비싼 스케이트화를 살 수 없었거든요. 한창 뛰어놀아야 할 때 매일 가만히 앉아 구경만 하던 손기정은 마침내 자신도 할 수 있는 운동을 찾아냈지요.

"오직 달리기만이 어떤 장애도 없고, 비용도 들지 않는 멋진 운동이었다."

《나의 조국 나의 마라톤》

그것은 바로 달리기였습니다. 손기정은 비가 오나 눈이 오나 달렸고 어느새 달리기에 푹 빠져들었습니다. 달릴 때만큼은 잠시나마 배고픔도 잊을 수 있었어요. 그렇게 열심히 달리면서 가난한 현실에 대한 서러움도 풀지 않았을까 싶습니다.

그렇다면 달리기 실력은 어땠을까요? 그는 달리기에 남다른 재능을 보였습니다. 지금의 초등학교인 보통학교 6학년이 되어서는 신의주 대표 선수로 뽑히기까지 했지요. 이대로라면 차근차근 성장해 실력 있는 달리기 선수가 될 가능성이 높았습니다.

그런데 달리기 선수로 성장해 나갈 탄탄대로에 제동이 걸리는 일이 벌어집니다. 가정 형편이 어려워 상급 학교에 진학할 수 없게 된 것입니다. 달리기 선수로 성장하려면 학교 육상부에 소속되어야 하는데 손기정은 취직해 돈을 벌어야 했거든요. 그는 인쇄소, 곡물 상회 등 온갖 곳에서 일하며 닥치는 대로 돈을 벌었습니다. 그래도 꿈을 포기하지는 않았어요. 낮에 일하고, 밤에는 홀로 어두컴컴한 길을 하염없이 달리며 달리기 연습을 멈추지 않았지요. 그러면서 크고 작은 여러 대회에 참가했고 우승하기도 하면서 조선 최고의 달리기 선수가 되겠다는 희망의 끈을 놓지 않고 있었습니다.

꿈을 향한 질주!
마라톤을 시작하다

1932년 3월, 손기정에게 운명을 바꿀 기회가 찾아옵니다. 동아일보사에서 주최한 '경영마라톤대회'에 출전하게 된 것입니다. 이대회는 조선에서 마라톤으로 난다 긴다 하는 최고의 선수들이 출전하는 큰 규모의 대회였어요. 광화문 동아일보사 정문 앞에서 출발해 영등포역을 반환점으로 되돌아가는 코스를 달리는 마라톤이었지요.

여기서 한 가지 짚고 넘어가야 할 것이 있는데요. 이 마라톤 경기가 손기정 생애 첫 마라톤이었다는 것입니다. 하프 마라톤이긴 했으나 장거리 코스를 따라 오래도록 달려야 했기에 손기정이 이제껏 참여한 대회와는 차원이 달랐지요. 그동안 일하면서 꾸준히 달리기 연습을 해 오긴 했지만 달리기 경기 중에서도 최장 거리인 마라톤을 체계적으로 배우거나 경험하지 못했습니다. 그러니 아무래도 좋은 성적을 거둘 수 있을 것이라 확신하기는 어려웠지요.

마침내 마라톤 경기가 시작되었고, 손기정은 첫 출전임에도 자신만만하게 선두로 달리기 시작했습니다. 그런데 경기 도중 예상치 못한 일이 벌어졌어요. 잘 뛰던 손기정이 갑자기 우뚝 멈춰 선 것입니다. 그렇게 멈춰 있는 사이, 한 선수가 그의 옆을 휙 지나쳐 갔지요. 손기정은 무슨 일 때문에 멈춰 선 걸까요?

사실 마라톤을 할 때는 코스를 미리 답사해 익혀 놓는 게 필수입니다. 하지만 경성의 지리를 몰랐던 신의주 출신 손기정은 사전에 길을 익혀 두지도 못했습니다. 길을 제대로 모르는 상태에서 선두로 달리다 보니 여러 갈래로 뻗은 길에서 어디로 가야 할지 몰라 멈춰 서게 된 것이었지요.

어디로 가야 할지 몰라 갈팡질팡하고 있던 그때! 손기정의 눈에 들어온 한 인물이 있었습니다. 바로 자신을 제치고 달려나간 선수였지요. 손기정은 하는 수 없이 그 선수의 꽁무니만 뒤쫓을 수밖에 없었습니다. 그렇게 달려 완주한 마라톤 데뷔전! 손기정의 성적은 과연 어땠을까요? 그는 처음 출전한 이 마라톤 대회에서 놀랍게도 2위를 차지했습니다. 이때 손기정은 무슨 생각을 했을까요? '내가 제대로 뛰었으면 1등도 할 수 있었겠다! 이대로라면 조선에서 마라톤으로 날 뛰어넘을 사람은 없지 않을까?' 생각하지 않았을까요? 자신감을 얻은 그는 이후에도 여러 달리기 대회에 참가해 차곡차곡 경험을 쌓아나갔습니다.

그런데 조금 의아합니다. 일본의 식민 지배를 받고 있던 때에 어떻게 조선인이 참가할 수 있는 스포츠 대회가 많이 있었던 걸까요? 일제강점기 초반에는 그런 스포츠 대회가 많지 않았습니다. 일제는 당연히 조선인들이 스포츠 대회를 빌미로 모여서 일본에 대항하는 행동을 할까 봐 우려했지요. 하지만 1919년 3·1운동 이후에는 통치 방식을 바꿀 필요성을 느꼈어요. 총과 칼을 앞세워 억누르기만 했더니 역효과가 났다고 생각한 것입니다.

그래서 1920년대부터는 이른바 '문화통치'를 표방했습니다. 언론과 출판, 집회와 결사의 자유를 일부 허용해 조선인들의 반발심을 누그러뜨리려고 했지요. 이때 〈조선일보〉, 〈동아일보〉 등이 개간했고, 여러 스포츠 대회도 열렸어요. 겉으로는 지배 방식이 완화된 것처럼 보이지만 물론 실상은 그렇지 않았습니다. 그럼에도 조선인들은 이러한 스포츠 대회에서 일본인을 이겨 민족의 상처받은 자존심을 회복하고 싶은 열망을 지니고 있었습니다.

육상 명문에서
겨우겨우 이어나간 달리기

경영마라톤대회에서 2위를 차지한 손기정! 이후 그는 예상치 못한 곳에서 달리기를 이어나가게 됩니다. 경성에 있는 육상 명문 학교 양정고등보통학교 육상부에서 달릴 수 있게 된 것입니다. 신의주에서 상급학교 진학을 포기했던 손기정이 대체 어떻게 경성에 있는 양정고등보통학교에 가게 된 것일까요?

경영마라톤대회가 끝난 시점으로 거슬러 올라가 보겠습니다. 이때 손기정은 무작정 양정고등보통학교 육상부의 주장을 찾아갔어요. 그러고는 주장에게 경영마라톤대회 2위라는 성적을 내밀며

간곡히 부탁했지요.

"달리기라면 자신 있습니다! 선배들의 명성에 욕되지 않게 열심히 할 테니 양정 육상부에 넣어 주십시오!"

다행히 양정고등보통학교에서도 달리기에 소질 있는 학생들을 스카우트하고 있었기에 손기정은 입학을 허락받을 수 있었습니다. 열여섯 살에는 일하느라 학교에 가지 못한 손기정이 스무 살 늦깎이 학생으로 양정고등보통학교에 당당히 입학하게 된 순간입니다. 손기정은 생계를 위해 돈을 버는 일은 잠시 미뤄 두고, 달리

양정고등보통학교 육상부에 들어간 손기정 앞줄 두 번째에 앉아 있는 인물이 손기정, 뒷줄 우측 끝에 서 있는 인물이 남승룡이다. 손기정기념관 제공.

기에 전념해 보기로 합니다. 달리기 선수로 성공하고 싶다는 바람을 이룰 소중한 기회였으니까요. 그리고 이때 손기정은 평생을 함께해 줄 동료, 동갑내기 남승룡도 만나게 됩니다.

양정고등보통학교 육상부는 선수들에게 근력을 키우는 체계적인 운동을 시켰습니다. 이른 새벽마다 산을 타기도 했고 모래주머니를 다리에 매달고 필사적으로 달리게 했지요. 손기정은 누구에게도 지지 않겠다는 마음으로 사계절 내내 상상을 초월하는 연습량을 소화해 나갔어요. 원래도 잘 달렸는데 체계적인 연습까지 하게 되었으니 이제 달리기 선수로 활약할 창창한 앞날을 기대하지 않았을까요?

그러나 곧 손기정은 다시 고향 신의주로 돌아갈 위기에 처하게 됩니다. 그의 앞길을 가로막은 것은 이번에도 가난이었습니다. 신의주에서 온 손기정이 경성에서 학교를 다니기 위해서는 하숙비가 필요했습니다. 그러나 하숙비를 감당할 형편이 되지 않았지요. 이제야 제대로 달리기를 시작했는데, 또다시 학업을 중단할 위기에 부딪히고 만 것입니다.

바로 그때! 손기정에게 구세주 같은 인물이 나타납니다. 달리기 선수의 꿈을 포기하는 걸 안타까워한 선배 김봉수가 도움의 손길을 뻗어 주었습니다. 김봉수는 부모님 몰래 손기정을 그의 가정교사로 위장해 자신의 집에서 살 수 있게 도와주었습니다. 그 덕분에 손기정은 숙식을 해결하며 위기를 넘길 수 있었어요.

그러나 손기정에게는 또 하나 해결되지 않은 문제가 있었습니다. 김봉수의 집에서 해결한 최소한의 끼니가 매일 달리기를 하는 그에게는 턱없이 부족한 양이었던 것입니다. 마라톤과 수영 같은 유산소운동 종목 선수는 1만 칼로리를 섭취해도 살이 안 찐다고 하니, 손기정 역시 탄수화물과 단백질을 더 많이 섭취해야만 달리기를 이어나갈 수 있었을 테지요. 배가 고파서 선수로서 더 좋은 기록을 내기 힘들다고 판단한 손기정은 고민하다가 체육 담당 교사 김수기를 찾아갔습니다.

　　"이제부터는 선생님을 형님이라 부르겠습니다. 형님! 배가 고파서 못 뛰겠습니다. 저를 좀 도와주십시오."

　　부끄러움을 무릅쓰고 금전적인 도움을 부탁한 거예요. 갑작스러운 제자의 요청에 김수기는 어떤 반응을 보였을까요?

　　　　"선생님은 그날부터 매달 박봉을 쪼개어 2원을 나의 특별 급식비로 떼어 주셨다."

　　　　　　　　　　　　　　　　　　　　　　《나의 조국 나의 마라톤》

　　손기정을 안타깝게 생각한 김수기는 나무라기는커녕 자신의 박봉을 쪼개어 아무 조건 없이 손기정에게 주었습니다. 그 당시 고등보통학교 교사의 월급은 47원 정도였는데요. 현재 가치로 약 10만 원에 해당하는 2원을 떼서 제자를 도와준 것입니다. 그렇게 손기정은 어려운 상황에 부딪힐 때마다 주변의 도움으로 달리기 선수로서의 생활을 겨우겨우 이어나갈 수 있었습니다.

조선인의 자존심을 건
세계 마라톤 제패의 꿈

그렇게 손기정이 달리기 선수 생활에 열의를 불태우고 있던 1933년의 어느 날, 그에게 뜻밖의 편지 한 통이 날아왔습니다. 편지를 보낸 이는 육상계 선배 권태하였어요.

> "손 군이라면 틀림없이 세계 마라톤을 제패할 수 있을 거라 생각하네. (⋯) 꼭 세계 마라톤을 제패해 저 일본 사람들의 콧대를 눌러 주게."
>
> 《나의 조국 나의 마라톤》

권태하는 왜 갑자기 이런 편지를 써서 보냈을까요? 1년 전에 권태하는 예선 1차와 2차에서 모두 1등을 차지하며 로스앤젤레스 올림픽 마라톤 대회에 출전했습니다. 그런데 대회를 앞두고 권태하와 다른 조선인 선수는 일본 측으로부터 일본인 선수의 페이스메이커가 되라는 강요를 받았지요. 페이스메이커는 경기에서 우승 후보의 기록을 단축하기 위해 전략적으로 투입된 선수를 말합니다. 쉽게 말해 예선전 1등을 했던 우승 후보 권태하를 일본인 선수의 우승을 위한 페이스메이커로 쓰겠다는 거였지요.

과연 일제의 작전대로 일본인 선수가 우승을 거머쥐었을까요? 권태하는 일본의 뜻을 거스른 채 자신의 생각대로 뛰었고 대회에서 권태하와 다른 조선인, 일본인 선수는 모두 기대 이하의 성적을 거두고 말았어요. 일본은 이 같은 부진의 원흉으로 권태하 선수를 지목했고 권태하가 작전에 따르지 않았기 때문에 금메달을 놓쳤다고 선수단에 보고했지요.

로스앤젤레스 올림픽이 끝난 후, 권태하는 선수단 여권으로 미국에 6개월 동안 머물면서 조선에 돌아오지 않고 있었습니다. 돌아가 봤자 일본의 부당한 대우를 받을 게 뻔하니 미국에 남아 현지 교민의 도움으로 대학교에 입학해 체육학을 배우기 시작했어요. 그러면서 한편으로는 일본에 당한 모욕과 고국의 후배들을 잊지 않았습니다. 달리기에 천부적인 재능을 보였던 손기정도 기억하고 있었지요. 그래서 손기정에게 세계 마라톤을 제패해서 일본의 콧대를 누르고, 조선인의 자존심을 세워 달라고 부탁하는 편지를 썼던 것입니다.

편지를 읽은 손기정은 어떤 기분이었을까요? 그는 가슴 속에서 뭔가 뜨겁게 끓어오르는 걸 느끼고 한 가지 결심을 했습니다.

'내가 조선인으로서 당당하게 우승해서 선배의 설움도 갚고, 일

본의 콧대를 납작하게 눌러 주어야겠다!'

뚜렷한 목표가 생긴 손기정은 더욱 열심히 훈련에 임했고, 조선에서 열린 거의 모든 대회에서 우승을 휩쓸다시피 했습니다. 그해 3월에 경영마라톤대회 1위를, 10월에는 조선신궁경기대회 마라톤 1위를 차지했습니다. 그다음 해 4월에 열린 전조선풀마라톤대회에서도 1위 자리에 올랐지요. 그렇게 손기정은 조선의 마라톤 일인자로서 우뚝 서게 됩니다.

일제가 갈취한
조선인 금메달리스트의 영광

그로부터 약 3년이 흐른 1936년, 간절히 기다려 온 그날이 찾아왔습니다. 조선인으로서 우승하겠다는 꿈을 실현할 제11회 베를린 올림픽 경기에 참가하게 된 것입니다. 42.195킬로미터를 달리는 마라톤 경기를 앞두고 비장한 눈빛을 한 손기정이 경기장에 들어섰습니다. 그런 그의 곁에는 함께 달릴 동료도 있었지요. 누구였을까요? 앞서 등장했던 그 인물! 남승룡이 함께 있었습니다. 경기장 출발선에 선 손기정. 이때 그는 무슨 생각을 했을까요? 올림픽 무대에 서기까지 지나온 험난했던 나날들이 영화의 필름처럼 한 컷, 한 컷 흘러가지 않았을까요?

마침내 '탕!' 출발 신호를 듣고 레인을 달리기 시작한 손기정! 그는 달린 지 얼마 되지 않아 깜짝 놀라고 말았습니다. 자신이 제일 잘 달릴 것이라 예상했는데, 다른 선수들이 너무 빨리 앞질러 나갔기 때문이었지요.

'앞서나간 선수들을 따라잡지 못하면 어떡하지?'

자신을 제치고 달려나가는 선수들을 보니 조바심이 들었지만 손기정은 정신을 차려야 했습니다. 이 자리까지 오는 동안 자신을 응원해 줬던 수많은 사람의 얼굴이 스쳐 지나갔어요. 그는 다시 이를 악물고 페이스대로 힘차게 달렸습니다. 중반부가 넘어가면서부터는 비가 오나 눈이 오나 매일 달렸던 손기정의 엄청난 연습량이 빛을 발하기 시작했어요. 손기정은 속도계가 고장 난 폭주 기관차처럼 지체 없이 뜨거운 지면을 달리고 또 달렸습니다.

잠시 후, 경기장에 있던 관중 10만 명의 함성이 울려 퍼졌습니다. 한 선수가 '2시간 29분 19초 2'라는 올림픽 신기록을 달성하며 1위로 결승선을 통과한 것입니다. 1위를 차지한 선수는 과연 누구였을까요? 그 주인공은 바로 손기정이었습니다. 조선인 선수가 처음으로 올림픽 마라톤 금메달을 거머쥔 역사적인 순간! 손기정은 이제 무명의 조선인 선수가 아닌 전 세계인의 올림픽 영웅이었습니다. 그런데 경이롭게도 3위로 결승선을 통과한 선수 역시 조선인이었습니다. 손기정과 함께 온 남승룡 선수가 그 주인공이었어요. 조선인 선수들이 처음으로 세계 대회에 출전해서 금메달과 동

제11회 베를린 올림픽 마라톤 대회 결승선 통과 모습과 우승 상장 손기정기념관 제공

메달을 획득한 감동적인 순간이었습니다.

그런데 곧이어 열린 시상식에서 손기정은 시상대의 제일 높은 곳에 오르고도 고개를 푹 숙이고 있었습니다.

'국제 대회에 처음으로 출전해 시상대에 올랐더니 눈앞에서 일장기가 펄럭이며 하늘 높이 걸리고 일본 국가 기미가요가 울려 퍼지고 있었다.'

《나의 조국 나의 마라톤》

조선인으로서 우승했지만 그 영광을 일본이 마음대로 가져가 버린 것이었습니다. 손기정은 1위를 차지했지만 도리어 식민지 조

선의 현실을 자각하게 되어 비참한 마음을 숨길 수 없었습니다. 조
선인을 무시하고 차별하던 일본 언론과 코치들이 자신을 '위대한
일본인'으로 칭송하는 모습을 보니 그토록 꿈꾸던 순간이 찾아왔
음에도 나라 잃은 설움이 밀려와 견디기 힘들었지요.

그래서 시상대에 오른 손기정은 아예 일장기가 보이지 않도록
머리에 쓴 월계관으로 눈을 가려 버렸습니다. 손에 든 월계수 화분
은 가슴팍에 바짝 붙였지요. 그는 월계수 화분으로 어떻게든 자신
의 옷에 새겨진 일장기를 가리려고 필사적이었습니다. 이것이 나
라를 잃은 비운의 마라토너가 일제에 할 수 있는 최대한의 저항이

베를린 올림픽 시상대에 오른 모습 손기정기념관 제공

었어요. 그의 목에 걸린 금빛 메달이 반짝반짝 빛을 내고 있었지만 마음에는 어둡게 드리워진 굴욕감과 수치심만이 가득했습니다.

요주의 인물이 된
올림픽 영웅

비참해한 손기정과 반대로 일본은 손기정의 우승 소식에 환호했고 자신들의 우월성을 세계에 뽐낼 선전물로 손기정의 우승을 이용하려고 했습니다. 그래서 '일본 마라톤이 세계를 제패했다!'라며 관련 기사를 마구 쏟아냈습니다.

1936년 10월, 모든 일정을 마친 올림픽 영웅 손기정도 조선으로 돌아왔습니다. 올림픽 영웅 손기정이 귀국할 당시 모습은 어땠을까요? 금의환향한 그를 환영하기 위한 많은 인파와 축하 화환, 퍼레이드가 기다리고 있었을 것이라 예상했나요? 안타깝게도 그의 귀국 장면은 우리의 상상과는 정반대의 모습을 하고 있었습니다. 귀국한 손기정을 맞이한 건 떠들썩한 환영 인파가 아니라 살벌한 분위기를 내뿜는 일본 경찰들이었어요. 그들은 손기정이 죄인이라도 되는 듯 손기정의 양팔을 붙잡아 승용차에 태운 뒤 다른 사람들과 접촉하지 못하도록 강제로 귀가시켜 버렸습니다.

대체 왜 일본 경찰들은 손기정이 사람들과 만나지 못하도록 막

귀국 당시 손기정의 모습 손기정기념관
제공

은 걸까요? 손기정이 귀국하기 전에 조선에서 벌어진 큰 사건 때문이었습니다. 그가 귀국하기 두 달 전인 8월 25일, 〈동아일보〉에서는 '영예의 우리 손 군이 머리에는 월계관, 두 손에는 월계수 화분을 들고 있다'라는 기사와 함께 손기정의 사진을 실었습니다. 그런데 일제가 이것을 문제로 삼은 거예요. 원래 손기정의 유니폼 상의에는 일장기가 있었습니다. 그런데 이를 신기 싫었던 〈동아일보〉가 일장기를 지워 버리고 보도한 것이었어요. 이 사건을 '일장기 말소사건'이라고 부릅니다. 분노한 조선총독부는 일장기를 지운 관련자들을 체포하고 10개월 동안 〈동아일보〉가 발행되지 못하도록 막아 버립니다.

손기정은 조선인의 영웅이었어요. 일본은 영웅이 된 손기정이 조선인의 민족의식을 일깨워 반일 운동을 일으키는 구심점이 될 가능성이 있다고 생각해서 손기정이 조선인과 접촉할 수 있는 경우를 철저히 감시하고 막은 것입니다. 손기정을 주축으로 우리 민족이 똘똘 뭉치는 걸 경계해 애초에 사람들이 모이지 못하도록 손기정의 환영 행사도 금지했지요.

손기정의 우승 소식을 실은 일본의 〈아사히신문〉과 조선의 〈동아일보〉 동아일보사는 손기정의 시상식 당시 사진에서 일장기를 지우고 사진을 전체적으로 흐릿하게 하여 발행했다. 일장기 말소사건으로 〈동아일보〉는 8월 29일 자로 무기정간 처분을 당하였고, 함께 일장기를 지웠던 〈조선중앙일보〉 역시 9월 5일부로 자진해서 휴간하였다. 이로써 〈동아일보〉는 1920년 4월 창간된 이래로 네 번째 무기정간을 당한 것인데, 사진 게재가 문제된 것은 처음이기도 하지만 세계 언론 사상 그 예가 드문 것이다. 손기정기념관 제공.

그런데 일본이 손기정을 주시한 또 다른 이유가 있었습니다. 베를린에서 손기정이 보여준 이른바 '문제적 행동' 때문이었는데요. 손기정은 베를린 올림픽에 참가한 일본인 선수들과 사진을 찍을 때 혼자서 일장기가 새겨지지 않은 옷을 입고 있었습니다. 일본 대표로 올림픽에 참가한 것도 서러운데, 훈련할 때마저도 일장기가 새겨진 옷을 입고 싶지 않았던 것입니다.

이뿐 아니라 올림픽 우승 후에도 일본에 미움을 살 행동을 거리낌 없이 했습니다. 베를린에서 사인을 요청받을 때마다 한글로 자신의 이름을 쓰고, 그 아래에 꼭 'Korean'을 함께 적었어요. 조선인이라는 정체성을 지키고 일본에 저항하는 그만의 방법이었지요.

손기정의 이런 행동은 무척 위험했을 테지요.

"내가 1등을 해서 망정이지 1등을 못 했으면 경기가 끝나자마자 체포됐을 겁니다."

자신의 행동을 회고하며 이런 말을 남겼을 정도로 손기정 자신도 그 위험성을 누구보다 잘 알고 있었습니다. 처벌을 각오하고 일제에 저항한 것이었지요. 그러나 일본 대표로 올림픽 마라톤에서 우승한 선수가 스스로 조선인이라고 말했다고 해서 처벌한다면 국제적 망신거리가 될 수도 있는 일이었어요. 손기정도 그걸 알았기에 조금 더 대담하게 행동하지 않았을까 합니다.

일장기가 달린 유니폼을 입지 않은 손기정 (위), 손기정의 사인(아래) 손기정기념관 제공

1940년, 손기정은 뜻밖의 선택

을 합니다. 그토록 사랑하던 마라톤을 그만두고 조선저축은행에 취업한 것입니다. 마라토너 손기정은 왜 갑자기 은행원으로 직업을 바꾼 걸까요? 올림픽 금메달을 목에 걸고 조선으로 돌아온 후, 그는 일제의 끊임없는 감시에 시달렸습니다. 누구를 만나고 어디에 가는지, 혹시 조선인들과 모여 문제를 일으키는 건 아닌지 일본 경찰이 일거수일투족을 주시했던 것입니다. 결국 손기정은 마라톤 선수로서의 삶을 완전히 접어야만 했어요.

그렇게 강제로 선수 생활을 포기하게 됐을 때 그의 나이는 겨우 스물다섯 살이었습니다. 세계 최고의 마라토너가 됐음에도 전성기를 누릴 기회를 얻지 못하고 다시는 선수로서 경기장을 달리지 못하게 되었지요. 그렇게 올림픽 금메달리스트 손기정은 사람들에게도 점점 잊혀가고 있었습니다.

돌아온 손기정,
조선마라톤보급회를 결성하다

그런데 우리나라가 광복을 맞은 지 얼마 지나지 않은 1946년 8월, 손기정이 깜짝 놀랄 모습으로 다시 사람들 앞에 나타났어요. 베를린 올림픽에서 활약한 남승룡 등과 함께 '조선마라톤보급회'를 결성한 것입니다. 마라톤 지도자의 길을 걷기로 결심한 것이었지요. 사실, 손기정은 마라톤을 향한 꿈을 한 번도 포기한 적이 없었습니다. 광복 이후 조선인의 체육 단체 설립이 활발히 이루어졌고 손기정도 일본의 감시가 사라지자 은행원을 그만두고 스포츠계로 복귀할 수 있었지요. 조선마라톤보급회를 결성한 직후 마련한 합숙소는 서울시 성북구 안암동에 있는 그의 자택이었습니다. 자신의 집을 숙소로 내줄 정도로 그는 여전히 마라톤에 열정적이었어요.

손기정에게는 아직 이루지 못한, 오랫동안 간직해 온 꿈이 있었습니다. 과거 베를린 올림픽 시상대 위에서 비참한 마음으로 일장기를 가려야만 했을 때부터 지금까지 잊지 않았던 그 꿈! 태극마크를 가슴에 단 우리나라 선수가 국제 경기에서 당당하게 우승을 거두는 것이었지요. 손기정은 후학을 양성해 아직 이루지 못한 자신의 꿈을 실현하기로 마음먹었습니다. 그러고는 재능이 뛰어난 열 명의 선수를 발탁했어요.

열 명의 인재 중에 손기정이 가장 마음에 들어 한 선수가 있었습니다. 스물두 살의 서윤복이었지요. 서윤복은 초등학생 때 베를린 올림픽에서 금메달을 목에 건 손기정을 본 뒤 육상선수의 꿈을 키운 인물입니다. 그런 서윤복이 지닌 가장 큰 무기는 성실함과 근성이었어요. 서윤복은 어려운 가정 형편 때문에 학교를 다니기 힘든 상황이었고 낮에는 무역회사에서 심부름꾼으로 일하고 저녁에는 야간 학교를 다니면서 학업을 이어나가고 있었습니다. 야간 학교

조선마라톤보급회 맨 앞줄 좌측 끝에 남승룡이 서 있고 그의 왼쪽에 손기정이 서 있다. 남승룡의 뒤쪽에서 앞 선수의 어깨에 손을 올린 이가 서윤복이다. 손기정기념관 제공.

를 마친 후에도 서윤복의 일과는 끝나지 않았어요. 피곤한 몸을 이끌고 반드시 해내는 것이 있었지요.

> "금호동에서 동대문과 종로와 서대문을 거쳐 염천교까지 10킬로미터의 거리를 40분쯤에 뛰었다."
>
> 서윤복,《헛바닥이 나온 구두를 신고》

서윤복은 귀갓길에 항상 10킬로미터를 달렸고, 서울 시내를 달리는 전차의 뒤를 쫓기도 했습니다. 포기하지 않고 어떻게든 달리기 연습을 지속하는 이런 악바리 근성이 손기정의 눈에 띄었던 것입니다. 또 과거 자신처럼 가난한 환경 속에서도 달리기를 절대 포기하지 않는 서윤복을 이끌어 주고 싶은 마음이 들었을지도 모릅니다.

올림픽 금메달리스트 손기정이 합숙소의 제자들에게 어떤 훈련을 시켰을지 궁금하지 않나요? 손기정과 선수들은 새벽 6시가 되면 칼같이 기상했습니다. 본격적인 훈련 전에는 반드시 해야 하는 일이 있었지요. 손기정은 선수들에게 집 앞으로 나가 애국가를 제창하라고 했어요. 애국가를 부른 뒤에는 동네 근처에 있는 산길을 내달렸습니다. 그다음 코스는 돈암동 근처 언덕길이었어요. 손기정은 숨을 헐떡거리며 언덕길을 오르는 선수들을 향해 외쳤습니다.

"조국을 위해서 뛰어라!"

이 외침을 들은 선수들은 언덕길 오르내리기를 반복했습니다. 손기정은 항상 무리다 싶을 정도로 강도 높은 훈련을 강행했어요. 하지만 선수들은 그 훈련이 죽을 만큼 힘들어도 불평불만을 할 수 없었습니다. 왜 그랬을까요? 코치인 손기정과 남승룡이 항상 선수들의 선두에서 함께 달렸기 때문입니다. 선수들을 다그치기만 하지 않고 솔선수범을 보인 것이지요. 선수들은 두 사람의 뒷모습을 바라보며 힘든 훈련을 견뎌냈습니다.

또 손기정이 훈련만큼이나 중요시한 게 있었습니다. 그것은 바로 식단이었어요. 선수들의 기력을 보충해 줄 특제 보양식에도 신경을 썼습니다. 그가 내놓은 손기정표 특식은 통닭과 새우젓이었어요. 땀을 많이 흘리니까 염분과 단백질을 보충해야 한다는 이유에서였습니다. 이렇듯 손기정은 마라톤 유망주들의 식단 하나하나까지도 아버지의 마음으로 세심히 챙겼습니다.

태극마크를 달고 뛸
절호의 기회

1947년, 후학 양성에 힘쓰고 있던 손기정에게 예상 밖의 엽서 한 장이 날아옵니다. 누군가 해외에서 보내온 엽서였지요. 엽서의 발신인은 손기정과 함께 지난 1936년 베를린 올림픽 마라톤 대회에 참가했던 미국 선수, 존 켈리였습니다.

사실, 손기정과 존 켈리 사이에는 특별한 인연의 끈이 있었습니다. 베를린에서 손기정이 우승했을 당시 존 켈리는 손기정에게 신고 있는 운동화를 달라고 부탁했습니다. 올림픽에서 우승한 손기정의 운동화를 받아서 좋은 기운을 얻으려 한 것이지요. 손기정은 흔쾌히 자신이 신던 운동화를 건네 주었지요. 그런데 그로부터 약 10년 후, 한 국제 마라톤 대회에서 우승을 거둔 존 켈리가 손기정이 준 운동화 덕분에 우승한 것 같다며 고마운 마음을 담아 엽서를 보낸 것이었습니다.

손기정은 엽서에 적힌 한 단어를 보고 눈을 반짝였습니다. '보스턴 마라톤 대회'를 발견하고 '이거다!' 싶었던 거예요. 보스턴 마라톤 대회는 세계 4대 마라톤 대회 중 하나로 가장 오랜 역사를 가진 전통과 권위를 자랑하는 대회였습니다.

그런데 왜 손기정은 그제야 보스턴 마라톤 대회에 주목했을까요? 이때 보스턴 마라톤 대회가 있다는 사실을 처음 알게 되었기 때문입니다. 마라토너가 나갈 수 있는 국제 대회는 올림픽뿐이라고 알고 있었거든요.

광복 이후 우리나라는 한 번도 국제 대회에 출전한 적이 없었습니다. 그런데 후배들이 가슴에 태극기를 달고 우승을 한다면? 손기정은 자신이 못다 이룬 꿈을 이뤄낼 절호의 기회라고 생각합니다. 그런데 이 생각은 시작부터 난항에 부딪혔어요. 그의 앞을 가로막은 것은 다름 아닌 '여권'이었습니다. 여권은 다른 나라를 여행할 때 필요한 신분증으로 우리나라 정부에서 발급해 주는 것이지요. 하지만 당시는 우리나라에 정식으로 정부가 들어서지 않은 때였고, 정부 대신 38선 이남을 통치하고 있던 주한미군 군정청이 정부의 역할을 대신하고 있었어요. 미군정청은 우리나라 사람들의 출국을 원칙적으로 허가하지 않고 있었습니다.

손기정은 이대로 포기했을까요? 그는 이에 굴하지 않고 직접 미군정청을 찾아가 호소했습니다. 다행히 미군정청에 베를린 올림픽에서 활약했던 손기정을 기억하는 호의적인 미국인이 있었고 이 덕분에 여권을 대신할 수 있는 여행 증명서를 발급받을 수 있었

어요. 미국에 가서 사용할 자금 역시 미군정청의 지원으로 해결할
수 있었습니다.

보스턴 마라톤 대회를 위한
우여곡절 미국행

드디어 1947년 4월, 손기정은 남승룡, 서윤복과 함께 미국으로
가는 미군 수송기에 몸을 싣습니다. 손기정 일행은 일본과 미국의
하와이, 샌프란시스코, 뉴욕을 경유해 보스턴에 도착할 계획이었
습니다. 다행히 세 사람은 순조롭게 일본을 지나 하와이에 착륙할
수 있었어요. 그런데 손기정 일행이 하와이 공항에 도착한 그때!
눈앞이 캄캄해지는 돌발 상황이 벌어졌습니다.

> "쌀, 고추장, 된장, 간장, 고춧가루 같은 것을 넣은 깡통들이 들어 있
> 었다. 세관원은 여전히 알아들을 수 없는 말을 지껄이며 그것들을
> 나누어 챘다."
>
> 서윤복, 《혓바닥이 나온 구두를 신고》

공항 직원이 손기정 일행의 앞을 가로막더니 가방을 빼앗고는
가방 안을 마구 뒤지기 시작한 것입니다. 엎친 데 덮친 격으로 한

국의 미군정청이 발급해 준 여행 증명서로는 하와이까지만 갈 수 있다고 했지요. 그러나 손기정 일행은 영어를 전혀 하지 못했기 때문에 공항 직원과 의사소통이 되지 않았습니다. 손기정은 낯선 이국땅에서 막막하고 답답했지만 할 수 있는 게 없었어요.

'혹시 이대로 대회에 참가하지 못하는 건 아닐까?'

절망적인 생각에 사로잡힌 손기정 일행은 모든 짐을 빼앗긴 상태로 공항에 붙잡혀 있을 수밖에 없었습니다. 절체절명 위기에 빠진 그 순간! 망연자실한 손기정의 귀에 반가운 말소리가 들려왔습니다. 어디선가 한국말이 들려온 것입니다.

이게 어떻게 된 일일까요? 공항 직원이 몇 번이나 안내 방송을 해서 한국어를 할 수 있는 사람이 있으면 도와 달라고 부탁했고 그 방송을 들은 한국인 교포 목사가 손기정 일행을 도우러 왔던 것입니다. 위기의 순간, 다행히도 손기정 일행은 한국 교포 목사의 도움을 받아 하와이에서 새로운 여행 증명서를 발급받고, 여정을 이어갈 수 있었습니다.

노심초사하던 손기정 일행은 가까스로 보스턴 땅을 밟았습니다. 한국에서 보스턴까지 네 군데의 경유지를 거쳐 가느라 무려 일주일 정도의 시간이 걸린 여정이었지요. 그러나 도착했다는 기쁨도 잠시, 곧 손기정은 대회를 앞두고 다시 속이 새카맣게 타들어가기 시작했습니다. 우여곡절 끝에 보스턴에 잘 도착했는데, 대체무슨 일이 벌어진 걸까요?

과거에 신의주에 살던 손기정이 처음 마라톤 대회에 참가했을 때 경험한 일을 기억하나요? 경성의 마라톤 코스를 잘 몰라서 어려움을 겪었었지요. 이번에도 마찬가지였습니다. 서윤복 역시 뛰어야 할 코스를 잘 몰랐습니다. 낯선 나라에서 잘 모르는 코스를 달릴 생각을 하니 더욱 긴장되었지요. 게다가 서윤복의 컨디션도 최악이었습니다. 첫 해외 원정인 데다가 시차 적응까지 해야 했으니까요. 그러던 찰나, 손기정과 남승룡은 기발한 아이디어를 냅니다.

> "모인 사람들로 응원단이 조직되어 저마다 코스 중간중간에서 우리들을 기다리기로 했다."
>
> 서윤복, 《헛바닥이 나온 구두를 신고》

당시 보스턴에는 그 수가 많지는 않았으나 한인 교포와 유학생들이 있었습니다. 그들을 모아 응원단을 꾸린 후, 마라톤 코스마다 길잡이 요원으로 세워 두기로 한 것입니다. 코스 중간중간에 한국인들이 서 있으면 혹시나 서윤복이 낯선 마라톤 코스를 헷갈려도 쉽게 길을 찾을 수 있을 테니까요. 또 외국인들 사이에서 한국인들이 응원해 주는 모습을 보는 것만으로도 서윤복은 큰 힘을 얻을 것이었습니다. 손기정과 남승룡은 악조건에 굴하지 않고 서윤복이 제대로 달릴 수 있도록 끝까지 자신들이 할 수 있는 모든 노력을 했습니다.

조국을 위해
달리고 또 달리다

마침내 1947년 4월 19일, 맑게 갠 하늘 아래 제51회 보스턴 마라톤 대회가 개최됩니다. 핀란드, 그리스, 미국 등 8개국에서 온 153명의 선수가 이번 대회에 참가했습니다. 작년 우승자인 그리스의 키리아키데스부터 세계 최고 기록을 보유한 핀란드의 미코 히에타넨까지 쟁쟁한 선수들이 모두 모여 있었지요. 한국의 서윤복역시 출발선 앞에 섰습니다. 그의 가슴에는 '코리아'라는 국가명과함께 태극마크가 달려 있었지요. 당당히 한국 대표로서 다른 나라선수들과 겨루게 된 것입니다. 이때 서윤복을 바라보는 손기정의 심정은 어땠을까요? 제자가 태극마크를 달고 국제 대회에 출전했다는 사실에 기쁨이 차올랐을 것입니다.

이때 서윤복과 함께 한국 대표로 출전한 또 한 명의 선수가 있었습니다. 서윤복 외에는 두 명의 코치, 손기정과 남승룡뿐인데 대체또 누가 선수로 뛴 걸까요? 다름 아닌 코치 남승룡이었습니다. 당시 그는 서른다섯 살로 마라톤 선수로 뛰기에는 나이가 많았지만태극기를 달고 뛰는 꿈을 이루고 싶어 대회에 출전했습니다.

드디어 출발 신호와 함께 선수들이 달려나가기 시작했습니다. 무려 42.195킬로미터를 완주해야 하는 긴 싸움이 시작된 순간이었어요. 서윤복은 다른 선수들보다 뒤처져서 달렸습니다. 손기정

역시 베를린 올림픽 마라톤 경기 초반에 다른 선수들보다 뒤처져서 달렸었지요. 손기정은 그때의 기억이 주마등처럼 스쳐 지나가지 않았을까요? 한편으로는 컨디션이 좋지 않은 서윤복이 자신과 달리 치고 올라오지 못할까 봐 조바심이 나기도 했을 겁니다.

서윤복은 10킬로미터 지점부터 겨우 상위 그룹으로 올라서기 시작했습니다. 그의 앞에는 강력한 우승 후보인 핀란드 선수가 있었어요. 핀란드 선수를 따라잡기 위해 열심히 뛰었지만 거리는 좁혀지지 않았지요. 몸이 뜻대로 움직여 주지 않아 지쳐가던 바로 그때! 그의 귓가에 우렁찬 목소리가 들려왔습니다.

"윤복아! 조국을 위해서 싸워라!"

훈련할 때 수도 없이 들었던 그 목소리였습니다. 쩌렁쩌렁한 목소리로 온 힘을 다해 서윤복을 응원하는 손기정의 외침이었지요. 바로 그 순간! 서윤복은 마치 엔진을 하나 더 단 듯 빠르게 치고 나갔고, 곧 놀라운 일이 벌어졌어요. 마침내 그가 핀란드 선수를 제치고 선두에 선 것입니다. 손기정의 절실한 응원이 서윤복의 악바리 근성을 자극한 거예요. 그런데 그 순간, 그 누구도 예상하지 못한 돌발 사태가 벌어졌습니다.

"개 한 마리가 불시에 뛰어나와 나를 물려고 덤벼들었다. (…) 발길질을 했다. 그러나 나동그라진 것은 개가 아니라 나였다."

서윤복, 《혓바닥이 나온 구두를 신고》

서윤복이 갑자기 경기장에 난입한 개를 쫓아내려고 발길질하다가 그만 넘어지고 만 것입니다. 이 기회를 놓치지 않은 핀란드 선수가 다시 서윤복을 제치고 앞서 달려나갔습니다.

'여기까지 와서 서양 개한테 당한다고 생각하니, 어처구니가 없구나.'

서윤복은 크게 당황했으나 가까스로 자리에서 일어나 다시 달리기 시작했습니다. 하지만 이미 흐름이 깨져 페이스를 회복하는 게 쉽지 않았고 핀란드 선수와의 격차도 너무 많이 벌어진 상황이었지요. 다시 선두에 서는 건, 사실상 불가능에 가까워 보였습니다. 하지만 서윤복은 포기하지 않고 앞만 바라보며 달리고 또 달렸습니다. 숨이 차올라 가슴이 터질 듯했지만 특유의 악바리 근성으로 질주했어요.

손기정 키즈 서윤복
스승의 꿈을 이루다

보스턴 마라톤 대회 결승선을 제일 먼저 통과한 선수는 누구였을까요? 놀랍게도 그 주인공은 서윤복이었습니다! 서윤복이 대한민국 최초로 태극마크를 가슴에 달고, 국제 마라톤 대회에서 우승한 감동적인 순간이었습니다. 게다가 그는 2시간 25분 39초라는 세계 신기록까지 달성했어요. 뒤처졌던 서윤복은 어떻게 1등으로 결승선을 통과할 수 있었던 걸까요?

서윤복이 핀란드 선수에게 선두를 빼앗긴 후, 32킬로미터 지점에서 극악의 난이도를 자랑하는 코스가 시작되었습니다. '상심의 언덕Heartbreak Hill'이라 불리는, 2킬로미터나 되는 긴 오르막길이 펼쳐져 있었어요. 그런데 이 극악무도한 고개가 서윤복에게는 역전의 기회였습니다. 그동안 서윤복은 손기정과 함께 산길과 언덕을 뛰는 훈련을 끊임없이 해왔습니다. 그 덕분에 마치 평지를 달리듯 상심의 언덕을 쭉쭉 오를 수 있었지요. 그러고는 마침내 불굴의 의지로 핀란드 선수를 따라잡았습니다. 상심의 언덕에서 대역전극을 펼친 서윤복은 계속 내달려 결승선을 1등으로 통과하는 데 성공했습니다.

결승선을 통과한 서윤복을 본 손기정은 어떤 심정이었을까요? 가슴에 태극기를 달고 뛰고 싶었던 꿈을 떠올리며 마치 자신이 결승선을 통과한 것처럼 희열을 느끼지 않았을까요? 손기정은 세계 무대에서 조국을 널리 알린 제자가 무척 자랑스러웠습니다. 잃었던 조국을 다시 찾은 듯한 심정이었다고 하지요.

그리고 의미 있는 성과를 낸 또 한 명의 선수가 있었습니다. 바로 남승룡이었지요. 마라톤 선수로서는 노장이었지만 투혼을 발휘해 마라톤 코스를 완주하는 데 성공합니다. 153명의 선수 중 12위로 결승선에 들어왔지요. 서윤복과 남승룡 모두 국가대표로서 조국의 위상을 드높여 주었습니다.

서윤복은 당당히 시상대의 가장 높은 곳에 올라섰습니다. 보스턴 하늘 높이 태극기도 멋지게 올라갔지요. 서윤복의 가슴에는 태극마크가 빛나고 있었습니다. 손기정은 서윤복을 바라보며 북받쳐 오르는 감정을 주체하지 못하고 기쁨의 눈물을 흘렸습니다.

1947년 6월, 금의환향한 손기정 일행은 인천항을 통해 귀국했습니다. 부둣가에는 서윤복의 소식을 들은 수만 명의 인파가 태극기를 흔들고 있었습니다. 손기정이 베를린 올림픽에서 귀국할 당시에는 받지 못했던 열렬한 환영을 이제야 받게 된 것입니다.

제51회 보스턴 마라톤 대회에서 우승한 서윤복이 수여받은 메달 문화재청 제공

우리나라는 그토록 바라던 독립을 이룬 후에도 여전히 혼란스럽고 가난했습니다. 이념의 문제로 민족은 남과 북으로 갈라지고 말았고, 그 와중에 친일 청산도 제대로 이루어지지 않았습니다. 그 때문에 여전히 민족의 자존감을 회복하지 못하고 있었지요.

이런 상황에서 손기정 일행이 안겨준 국제 대회에서의 우승은 일제강점기 때와는 또 다르게 우리 민족의 마음에 희망과 용기를 준 위대한 일이었습니다.

52년 만의 올림픽 무대!
서울 올림픽 성화 봉송 주자로 뛰다

보스턴 마라톤 대회가 끝나고 3년 뒤 1950년, 손기정은 세 명의 선수를 인솔해 미국으로 떠났습니다. 다시 한번 보스턴 마라톤 대회에 도전하기 위해서였지요. 이번 제54회 보스턴 마라톤 대회에서 1위를 차지한 선수는 바로 한국 선수 함기용이었습니다. 2위 역시 한국 선수 송길윤이 차지합니다. 놀랍게도 3위 역시 우리나라 선수 최윤칠이었습니다.

그렇게 손기정은 지도자로 승승장구하며 한국 마라톤의 부흥을 이끌었어요. 이후로도 일평생을 바쳐 마라톤계 영웅으로 맹활약하며 국위선양에 앞장섭니다.

그리고 30여 년이 지난 1988년, 우리나라에 역사적인 순간이 찾아옵니다. 우리나라 서울에서 올림픽 대회가 개최된 것입니다. 전 세계의 이목이 쏠린 순간, 수만 관중의 환호와 함께 서울 올림픽의 막이 올랐습니다.

바로 그때! 우리에게 익숙한 한 인물이 올림픽 경기장으로 성화를 들고 뛰어 들어왔습니다. 성화 봉송 주자로 등장한 이 사람은 누구였을까요? 놀랍게도 백발의 노인이 된 손기정이었습니다. 이 당시 그의 나이는 76세였습니다. 손기정은 가슴에 태극마크를 단 채 성화를 들고 뛰게 된 그 순간, 너무 기쁘고 벅차올라 어린아이처럼 팔짝팔짝 뛸 수밖에 없었다고 합니다. 일장기가 아닌 태극기를 가슴에 달고 뛰는 것, 그가 한평생 바라 온 꿈이 실현된 감격적인 순간입니다.

손기정이 다시 올림픽 무대에 서기까지 대체 몇 년이 걸린 걸까요? 무려 52년입니다. 한 번이라도 가슴에 태극기를 달고 뛰고 싶었던 한을 76세가 돼서야 풀 수 있게 된 것이지요. 1936년, 베를린 올림픽에서 일본 선수로 알려졌던 손기정은 비로소 자신이 일본인이 아니라 한국인이라는 사실을 세계 무대에서 제대로 알릴 수 있었습니다.

지금 우리는 국제 대회가 열릴 때마다 태극기가 달린 유니폼을 입은 선수들의 모습을 당연하다는 듯 바라봅니다. 그러나 1936년, 그리 오래되지 않은 과거에 우리나라를 대표하지 못한 채 가슴에 일장기를 달고 올림픽 경기를 뛰어야 했던 손기정이 있었다는 사실을 알아야 합니다.

가슴에 태극기를 달고 뛰는 순간을 위해 한평생 고군분투해 온 그처럼 태극기, 그리고 대한민국을 지키기 위해 애쓴 수많은 이들의 피와 땀을 잊어서는 안 될 것입니다. 우리가 쉽게 간과하는 사실이 있습니다. 대한민국의 현대사는 지금도 계속 쓰이고 있다는 것입니다. 오늘 우리가 하는 선택이 모여 우리나라의 현대사를 이루게 되겠지요.

개화와 식민 지배로부터의 해방이 근대의 주요 과제였다면 현대의 주요 과제는 무엇일까요? 저마다 다른 답을 할 수도 있겠지만, 그것이 무엇이 되었든 역사 앞에서 당당한 선택을 하는 데에 우리가 함께 살펴본 이야기들이 도움이 되었기를 바라며 이야기를 마무리하겠습니다.

벌거벗은 한국사 근현대편

초판 1쇄 인쇄	2024년 6월 5일
초판 4쇄 발행	2024년 12월 23일

지은이	*tvN* STORY 〈벌거벗은 한국사〉 제작팀
	소현숙, 신주백, 심옥주, 최태성, 홍문기

책임편집	여인영
구성	김민영
디자인	*studio* weme
마케팅	최지은, 배희주
제작	357제작소
일러스트	스튜디오 쥬쥬베, 스튜디오 마치, 김효니, 조재철,
	신영훈, 김성삼, 김윤지, 달상(유혜영), 박수영

펴낸이	임경진, 권영선
펴낸곳	㈜프런트페이지
출판등록	2022년 2월 3일 제2022-000020호
주소	경기도 파주시 회동길 37-20, 204호
전화	070-8666-6190(편집), 031-942-0203(영업)
팩스	070-7966-3022
메일	book@frontpage.co.kr
인스타그램	instagram.com/frontpage_books
네이버 포스트	https://post.naver.com/frontpage_book

ISBN   979-11-93401-13-2(04910)